NIVEL ELEME[N]

CUADERNO DE EJERCICIOS

Jesús Sánchez Lobato
Nieves García Fernández
Pedro Gomis Blanco

nuevo

español 2000

SOCIEDAD GENERAL ESPAÑOLA DE LIBRERÍA, S.A.

SGEL

Primera edición, 1981
Segunda edición, 1983
Tercera edición, 1999
Cuarta edición, 2002
Quinta edición, corregida y aumentada, 2007

Produce:
SGEL Educación
Avda. Valdelaparra, 29 - 28108 ALCOBENDAS - MADRID

© Jesús Sánchez Lobato, Nieves García Fernández y Pedro Gomis Blanco, 1981, 2007
© Sociedad General Española de Librería, 2007
   Avda. Valdelaparra, 29 - 28108 ALCOBENDAS **(MADRID)**

Diseño de interiores: Grafismo Autoedición, C.B.
Maquetación: Grafismo Autoedición, C.B.
Cubierta: Érika Hernández

ISBN: 978-84-9778-301-9
Depósito Legal: M-6351-2007
Impreso en España - Printed in Spain

Imprime: Impresión Amoretti, S. L.

Queda prohibida, salvo excepción prevista en la Ley, cualquier forma de reproducción, distribución, comunicación pública y transformación de esta obra sin contar con la autorización de los titulares de la propiedad intelectual. La infracción de los derechos mencionados puede ser constitutiva de delito contra la propiedad intelectual (art. 270 y ss. Código Penal). El Centro Español de Derechos Reprográficos (www.cedro.org) vela por el respeto de los citados derechos.

Advertencias

1. Los pronombres personales sujeto de 1.ª y 2.ª personas (singular y plural) han sido omitidos, según el uso del español estándar, tanto en las preguntas como en las respuestas (*cf.:* Lección 1, ejercicio 1).

   Los pronombres personales sujeto de 3.ª persona *(él, ella, usted, ellos, ellas, ustedes)* se mantienen en todos los casos.

   Excepción a esta regla son aquellos casos en los que el pronombre sujeto precede al adverbio **también** (*cf.:* Lección 9, ej. 4) y con pronombres reflexivos (Lección 9, ej. 5).

2. Los pronombres personales, en ejercicios de sustitución con infinitivo, gerundio e imperativo afirmativo, aparecen siempre detrás del verbo y unidos a éste. La elección de esta solución (más difícil, creemos, para el estudiante que se inicia en el estudio de nuestra lengua) es la de ofrecerle la adquisición de ambas posibilidades, pues el pronombre antepuesto aparece en todos los demás casos de sustitución.

3. En el caso de las oraciones interrogativas (*cf.:* Lección 3, ej. 4) las preguntas se refieren siempre al adjetivo que aparece en posición final de la frase modelo.

4. En el ejercicio 6 de la Lección 9, ofrecemos, para dar mayor variedad al ejercicio, la estructura del verbo *doler*, similar a la de *gustar*, estudiada en la misma lección.

 El número que acompaña a los ejercicios corresponde al número de pista que tienen en el CD donde están grabados.

El primer CD corresponde a las unidades 1 a 8.

El segundo CD corresponde a las unidades 9 a 16.

El tercer CD corresponde a las unidades 17 a 23.

ÍNDICE

Lección 1. **¿Quién eres? ¿Cómo te llamas?** 8
    1. *Ser* + adjetivo
    2. *Ser* + sustantivo
    3. Respuestas afirmativas y negativas con *ser*
    4. Respuestas negativas con *ser*
    5. Transformación al plural
    6. Fórmulas de cortesía *usted* / *ustedes*

Lección 2. **¿De dónde eres? ¿Cómo eres?** 10
    1. Cambio de sujeto con *ser*
    2. Transformación de singular a plural
    3. Adjetivos contrarios
    4. *Ser* + gentilicios
    5. Sopa de letras de gentilicios americanos
    6. Ejercicio de antónimos

Lección 3. **¿Qué es…? ¿Cómo es…? ¿Qué dices…? ¡Mira…!** 12
    1. Verbo *ser*, formación del singular y del plural
    2. Transformación plural / singular
    3. *Ser* + adjetivo
    4. Formulación de preguntas
    5. Sustitución de adverbios de lugar por adjetivos demostrativos
    6. Sopa de letras de gentilicios europeos

Lección 4. **¿Cómo estás? ¿Dónde estás?** 14
    1. Verbo *estar* + adjetivo o participio
    2. Verbo *estar* + adjetivo o participio
    3. Usos de *ser* y *estar*
    4. Usos de *ser* y *estar*
    5. Sustitución de adverbios de lugar por demostrativos y empleo de antónimos
    6. Ejercicio de antónimos

Lección 5. **Esta es mi casa** 16
    1. Sustitución de adjetivos demostrativos por adverbios de lugar
    2. Transformación de "adverbio de lugar + *hay* + sustantivo" por "*ser* + demostrativo"
    3. Adjetivos posesivos
    4. Usos de *estar*
    5. Sustitución del verbo *tener* por un adjetivo posesivo
    6. Vocabulario de la familia

Lección 6. **¡Qué calor hace!** 18
    1. Usos de *mucho* y *muy*
    2. Los numerales: sumas
    3. Los numerales: multiplicación
    4. Construya frases contrarias
    5. Oraciones exclamativas
    6. Oraciones exclamativas

Lección 7. *¿Adónde vas?* *20*
    1. Presente de indicativo. Formas regulares de la 1.ª conjugación
    2. Presente de indicativo. Formas diptongadas de la 1.ª conjugación
    3. Presente de indicativo. 1.ª conjugación
    4. Utilización de *qué / quién*
    5. Sustitución del complemento directo por el pronombre personal
    6. Respuestas afirmativas con pronombre personal complemento directo

Lección 8. *En el restaurante* *22*
    1. Presente de indicativo. Formas regulares de la 2.ª conjugación
    2. Presente de indicativo. Formas diptongadas de la 2.ª conjugación
    3. Presente de indicativo. 2.ª conjugación
    4. Presente de indicativo. 2.ª conjugación
    5. Sustitución del complemento directo e indirecto por los pronombres personales
    6. Respuestas afirmativas empleando pronombres personales

Lección 9. *¿Dónde vives?* *24*
    1. Presente de indicativo. Formas regulares de la 3.ª conjugación
    2. Presente de indicativo. Formas diptongadas de la 3.ª conjugación
    3. Presente de indicativo. 3.ª conjugación
    4. Utilización del pronombre reflexivo
    5. Sustitución del complemento directo e indirecto por los pronombres personales
    6. Respuestas afirmativas y negativas empleando pronombres personales

Lección 10. *¿Qué estás haciendo?* *26*
    1. Verbos que cambian la *c* en *zc* en ciertos tiempos y personas
    2. Verbos que cambian la *c* en *zc* en ciertos tiempos y personas
    3. Sustitución del presente de indicativo por el presente continuo
    4. Sustitución del presente de indicativo por el presente continuo + pronombre personal
    5. Presente continuo + pronombre reflexivo
    6. Respuestas afirmativas con pronombres posesivos

Lección 11. *¿Qué podemos hacer?* *28*
    1. Uso del futuro próximo
    2. *Querer* + infinitivo
    3. Verbos con infinitivos completivos + pronombres personales
    4. Verbos con infinitivos completivos + pronombres personales (formas negativas)
    5. Pronombre indefinido en oraciones negativas
    6. Cambio de la posicion de la negación

Lección 12. *En el médico* *30*
    1. Imperativo. Verbos regulares de la 1.ª conjugación
    2. Imperativo negativo. Verbos regulares de la 1.ª conjugación
    3. Imperativo negativo. 2.ª y 3.ª conjugación
    4. Imperativo + pronombres personales
    5. Imperativo negativo + pronombres personales
    6. Imperativo + pronombres personales

Lección 13. De compras *32*
    1. Imperativo. Verbos con diptongación
    2. Imperativo. Verbos con diptongación + pronombres personales
    3. Imperativo. Verbos con diptongación + pronombres personales
    4. Formación del comparativo y del superlativo
    5. Formación del superlativo absoluto

Lección 14. En el aeropuerto *34*
    1. *Tener que*
    2. *Deber* + infinitivo
    3. Imperativo negativo
    4. Formación del comparativo y del superlativo
    5. Preposiciones temporales

Lección 15. Cuando yo era niño *36*
    1. Pretérito imperfecto de indicativo. 1.ª conjugación
    2. Pretérito imperfecto de indicativo. 2.ª y 3.ª conjugación
    3. Pretérito imperfecto de indicativo con preposiciones
    4. Pretérito imperfecto de indicativo con adjetivos
    5. Pronombre relativo *que*
    6. Interjección ¡qué!

Lección 16. En el hospital *38*
    1. Formas del pretérito indefinido. 1.ª conjugación
    2. Formas del pretérito indefinido. 2.ª y 3.ª conjugación
    3. Pretérito indefinido
    4. Transformación de presente de indicativo a pretérito indefinido
    5. Pronombres relativos
    6. Pronombres interrogativos

Lección 17. ¿Qué tal el viaje? *40*
    1. Pretérito indefinido
    2. Pretérito indefinido
    3. Pretérito indefinido con pronombres personales
    4. Transformación de presente de indicativo a pretérito indefinido
    5. Sustitución del complemento por el pronombre interrogativo
    6. Respuestas con pretérito indefinido

Lección 18. El tráfico en la ciudad *42*
    1. Pretérito perfecto
    2. Pretérito perfecto + pronombre personal
    3. Pretérito perfecto + pronombre personal
    4. Pretérito perfecto
    5. *Estar* + participio
    6. *Estar* + gerundio

Lección 19. En la comisaría **44**
      1. Pretérito pluscuamperfecto de indicativo
      2. *Cuando* + pretérito pluscuamperfecto de indicativo
      3. Contrarios
      4. Uso de preposiciones
      5. Respuestas afirmativas con pronombre personal
      6. Artículo neutro *lo*

Lección 20. Una vuelta por la ciudad **46**
      1. Usos del perfecto, indefinido e imperfecto
      2. Pretérito pluscuamperfecto de indicativo
      3. Sustituciones por infinitivo
      4. Antónimos
      5. Usos del perfecto, indefinido e imperfecto
      6. Usos de *ser* y *estar*

Lección 21. La nueva casa **48**
      1. Transformación del presente en futuro imperfecto de indicativo
      2. Transformación del presente en futuro imperfecto de indicativo
      3. Futuro imperfecto de indicativo
      4. Futuro imperfecto de indicativo
      5. Pronombres interrogativos
      6. Usos de *por* y *para*

Lección 22. Un viaje **50**
      1. Futuro imperfecto de indicativo
      2. Transformación del presente en futuro imperfecto de indicativo
      3. Futuro imperfecto de indicativo
      4. Futuro perfecto de indicativo
      5. Expresión de la probabilidad con futuro perfecto e imperfecto
      6. Formación del adverbio en *-mente*

Lección 23. Juan escribe a su amigo Ricardo **52**
      1. Conjugación del presente de subjuntivo
      2. Usos del subjuntivo
      3. Presente de subjuntivo en oraciones subordinadas de relativo
      4. Presente de subjuntivo en oraciones subordinadas de relativo
      5. Presente de subjuntivo en oraciones subordinadas de relativo

Soluciones **54**

Lección 1

¿Quién eres?
¿Cómo te llamas?

1 Responda afirmativamente, según el modelo

¿Eres estudiante? —Sí, soy estudiante.

1. ¿Es usted piloto? _Si soy piloto_
2. ¿Es María azafata? _Si Maria es azafata_
3. ¿Sois estudiantes? _Si ~~son~~ somos estudiantes_
4. ¿Es Antonio profesor? _Si Antonio es profesor_
5. ¿Son ellos abogados? _Si son abogados_
6. ¿Es Ángela ingeniera? _Si Angela es ingeniera_
7. ¿Sois camareras? _Si somos camareras_
8. ¿Es Ángel médico? _Si Angel es medico_

2 Responda según el modelo

¿Qué es Ángel?/*Médico.* —Ángel es médico.

1. ¿Qué es María?/*Azafata.* _Maria es azafata_
2. ¿Qué es usted?/*Estudiante.* _Si soy estudiante_
3. ¿Qué eres?/*Profesor.* _Soy profesor_
4. ¿Qué son Felipe y Manuel?/*Abogados.* _Felipe y manuel son abogados_
5. ¿Qué sois?/*Médicos.* _Somos medicos_
6. ¿Qué son ellas?/*Camareras.* _Son camareras_
7. ¿Qué sois?/*Enfermeras.* _Somos enfermeras_
8. ¿Qué es José?/*Piloto.* _Jose es piloto_

3 Responda según los modelos

Es Susana peluquera?/*Sí.* —Sí, es peluquera.
¿Eres abogado?/*No.* —No, no soy abogado.

1. ¿Es Ángela ingeniera?/*Sí.* _Si Angela es ingeniera_
2. ¿Es usted peluquera?/*No.* _No, no soy peluquera_
3. ¿Eres piloto?/*Sí.* _Si yo soy piloto_
4. ¿Es Antonio arquitecto?/*No.* _No Antonio no es arquitecto_
5. ¿Son Felipe y Manuel abogados?/*Sí.* _Si felipe y manuel son abogados_
6. ¿Son ellas camareras?/*No.* _No ellas no son camareras_
7. ¿Son ustedes estudiantes?/*Sí.* _Si somos estudiantes_
8. ¿Es Antonio profesor?/*Sí.* _Si Antonio es profesor_

Nuevo Español 2000

4. Responda negativamente, según el modelo

¿Es Antonio ingeniero?/Profesor. —No, no es ingeniero, es profesor.

1. ¿Es usted el señor López?/El señor Pérez. _No, no soy el señor López, yo soy el señor Pérez_
2. ¿Es Susana azafata?/Peluquera. _No, no Susana no es azafata, es peluquera_
3. ¿Eres médico?/Estudiante. _No, no soy médico soy estudiante_
4. ¿Es José abogado?/Piloto. _No Jose no es abogado, es piloto_
5. ¿Son Felipe y Manuel estudiantes?/Abogados. _No, Felipe + manuel no son estudiantes son abogados_
6. ¿Son ellas azafatas?/Camareras. _No, no son ellas azafatas, son camareras_
7. ¿Son ustedes profesores?/Estudiantes. _No, no son ustedes profesores, son estudiantes_
8. ¿Eres piloto?/Médico. _No, no soy piloto, soy medico_

5. Transforme los singulares en plurales, según el modelo

Él es ingeniero. —Ellos son ingenieros.

1. Yo soy profesor. _Nosotros somos profesores_
2. Él es arquitecto. _ellos son arquitectos_
3. Usted es médico. _nostros nosotros somos medicos_
4. Tú eres azafata. _vosotras sois azafatas_
5. Ella es enfermera. _ellas son enfermeras_
6. Tú eres ingeniero. _vosotros sois ingenieros_
7. Él es piloto. _ellos son pilotos_
8. Yo soy estudiante. _Nosotros somos estudiantes_

6. Emplee la forma de cortesía, según los modelos

Piloto. —Usted es piloto.
Médicos. —Ustedes son médicos.

1. Abogado. _usted es abogado_
2. Camareras. _ustedes son camareras_
3. Arquitectos. _ustedes son arquitectos_
4. Peluquera. _usted es peluquera_
5. Ingeniero. _usted es ingeniero_
6. Azafatas. _ustedes son azafatas_
7. Profesor. _usted es profesor_
8. Enfermeras. _ustedes son enfermeras_

Nivel elemental

Lección 2

¿De dónde eres?
¿Cómo eres?

1 Siga el modelo, indicando siempre el sujeto

next week

Pedro es moreno./Luisa.   —Luisa es morena.

1. Ellos son amables./Tú. _Tú eres amable_
2. Ángel es alto./Susana. _Susana es alta_
3. Los estudiantes son simpáticos./Ángela. _es simpática_
4. Eres alemán./Vosotras. _Vosotras sois alemanas_
5. El coche es pequeño./La casa. _es pequeña_
6. La profesora es española./Mi amigo. _es ~~ef~~ español_
7. Antonio es fuerte./Nosotros. _Nosotros somos fuerte._
8. El vino es malo./Los cigarrillos. _Los cigarrillos son malos._

2 Forme el singular / plural, según el modelo

Los cigarrillos son malos.   —El cigarrillo es malo.

1. Ellos son altos. _Tú ~~eres es~~ alto._
2. El estudiante es simpático. _Los estudiantes son simpáticos._
3. Eres alemán. ~~Nosotros sois alemanes~~ ~~Ellos son alemanes~~ _Vosotras sois_
4. Nosotras somos francesas. _Yo soy francesa_
5. El coche es caro. _Los coches son caros_
6. Mis amigos son españoles. _Mi amigo es español_
7. Sois gordos. _Tú eres gordo_
8. El camarero es amable. _Los camareros son amables_

3 Siga el modelo, utilizando el adjetivo contrario

¿Es bueno el cigarrillo?   —No, el cigarrillo no es bueno, es malo.

1. ¿Es barato el hotel? _No el hotel no es barato, es caro._
2. ¿Son antipáticos los camareros? _No, los camareros no son antipáticos_
3. ¿Es alta Luisa? _No, Luisa no es alta es baja_
4. ¿Es mala la comida? _No la comida no es mala, es buena_
5. ¿Es caro el vino? _No el vino no es caro, es barato_
6. ¿Son grandes los hoteles? _No, los hoteles no son grandes, son pequeños_
7. ¿Es baja la niña? _No la niña no es baja es alta_
8. ¿Es Carmen morena? _No carmen no es morena es rubia_

Nuevo Español 2000

4. Siga el modelo, utilizando el adjetivo correspondiente

Peter es de Múnich. — *Peter es alemán.*

1. Lucia es de Roma. _Lucia es italiana_
2. Susan es de Londres. _Susan es inglesa_
3. Jean es de París. _Jean es frances/a_
4. Vosotros sois de Tokio. _Vosotros sois japoneses_
5. El profesor es de Madrid. _el profesor es español_
6. Petra es de Viena. _petra es austriaca_
7. Johan y Ronald son de Ámsterdam. _Johan + Ronald son holandeses_
8. Sandrine es de Berna. _Sandrine es Suiza_ (switzerland)

5. Encuentre el gentilicio correspondiente a los habitantes de los países americanos de habla española que se indican al margen

- Argentina ✓
- Bolivia ✓
- Chile ✓
- Colombia ✓
- Costa Rica ✓
- Cuba ✓
- México ✓
- Perú ✓
- Venezuela ✓

NOTA: A los habitantes de Costa Rica se les llama "ticos".

6. Una los contrarios, según el modelo

caro — antipático
bajo — rubio
simpático — delgado
grande — alto
bueno — barato
moreno — malo
gordo — pobre
rico — pequeño

Nivel elemental 11

Lección 3

¿Qué es...? ¿Cómo es...? ¿Qué dices...? ¡Mira...!

1 Forme el singular / plural, según el modelo

La ciudad es grande. —Las ciudades son grandes.
1. Los aviones son rápidos. _el avion es rapido_
2. Las fábricas son grandes. _La fabrica es grandes_
3. El bar es pequeño. _Los bares son pequeños_
4. El hotel es caro. _Los hoteles son caros_
5. El señor es amable. _Los señores son amables_
6. Los autobuses son lentos. _el autobus es lento_
7. El director es simpático. _Los directores son simpáticos_
8. La plaza es grande. _Las plazas son grandes_

2 Forme el plural / singular, según el modelo

Esta casa es pequeña. —Estas casas son pequeñas.
1. Este niño es simpático. _estos niños son simpaticos_
2. Aquella niña es alta. _aquellas niñas son altas_
3. Esos estudiantes son franceses. _ese estudiante es frances_
4. Aquellos edificios son modernos. _Aquello edificio es moderno._
5. Esa torre es gótica. _estas torres son góticas_
6. Aquellas señoras son turistas. _aquella señora es turista_
7. Ese libro es interesante. _esos libros son interesantes_
8. Esa ciudad es rica. _estas ciudades son ricas_

3 Conteste la pregunta, según el modelo

¿Cómo es esta ciudad?/Grande. —Esta ciudad es grande.
1. ¿Cómo es esa señora?/Simpática. _esa señora es simpática_
2. ¿Cómo son estos libros?/Interesantes. _estos libros son interesantes_
3. ¿Quién es aquel señor?/El profesor. _aquel señor es el profesor_
4. ¿Quién es esa niña?/Mi hija. _esa niña es mi hija_
5. ¿Qué es eso?/Un museo. _eso es un museo_
6. ¿Qué es aquello?/Una fábrica. _aquello es una fabrica_
7. ¿De dónde son esos señores?/De Holanda. _esos señores son de Holanda_
8. ¿Cómo son aquellas torres?/Románicas. _aquellas torres son romanicas_

4 Formule la pregunta adecuada

Eso es *un museo*.   –¿Qué es eso?

1. Aquellos edificios son *grandes*. ¿Cómo son aquellos edificios?
2. Ese libro es *muy interesante*. ¿Cómo es ese libro?
3. Aquel señor es *ingeniero*. ¿Qué es aquel señor?
4. Estos turistas son *de Japón*. ¿Quién son estos turistas?
5. Esas torres son *góticas*. ¿Cómo son esas torres? ¿de dónde son esas turistas?
6. Esta fábrica es *moderna*. ¿Cómo es esta fábrica?
7. Esto es *el ayuntamiento*. ¿Qué es esto?
8. Esta ciudad es *pequeña*. ¿Cómo es esta ciudad?

5 Sustituya los adverbios de lugar ("aquí", "ahí", "allí") por los correspondientes adjetivos demostrativos, según el modelo

El edificio de ahí es el ayuntamiento.   –Ese edificio es el ayuntamiento.

1. La plaza de ahí es bonita. ese plaza es bonita
2. La fábrica de allí es una fábrica textil. _____
3. El edificio de aquí es el museo. _____
4. Las torres de allí son románicas. _____
5. La ciudad de ahí es rica. _____
6. El hotel de allí es barato. _____
7. La cafetería de ahí es cara. _____
8. El coche de aquí es rápido. _____

6 Encuentre el gentilicio correspondiente a los habitantes de los países europeos de la zona euro que se indican al margen

- Alemania
- Grecia
- Austria
- Holanda
- Bélgica
- Irlanda
- Finlandia
- Italia
- Francia
- Portugal

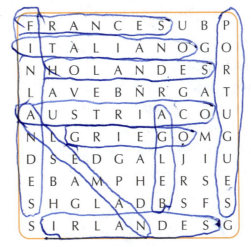

Nivel elemental

Lección 4

¿Cómo estás? ¿Dónde estás?

1 Ponga en plural, según el modelo

La ventana está cerrada. –Las ventanas están cerradas.
1. La puerta está abierta. _Las puertas estan abiertas_
2. Estoy cansado. _nosotros somos cansados_
3. Mi amigo está resfriado. _Mis amigos estan resfriados_
4. La habitación está a la derecha. _Las habitaciones estan a la derecha_
5. Mi hermana está en casa. _mis hermanas estan en casas_
6. Estás cómodo. _estan comodos_ ✗ _estais comodas._
7. Mi hijo está en la cama. _mis hijos estan en las camas._
8. El coche está dentro del garaje. _Los coches estan dentros del garajes_

2 Conteste la pregunta, según el modelo

¿Cómo está la habitación?/Desordenada. –La habitación está desordenada.
1. ¿Dónde estáis?/En el jardín. _Nosotros estais en el jardin_
2. ¿Dónde está el libro?/Sobre la mesa. _el libro esta sobre la mesa._
3. ¿Cómo está José?/Enfermo. _Jose esta enfermo_
4. ¿Cómo estás?/En forma. _estoy en forma_
5. ¿Cómo está usted?/Bien, gracias. _estoy bien, gracias._
6. ¿Dónde está el coche?/Dentro del garaje. _el coche esta dentro del garaje._
7. ¿Cómo están ustedes?/Cansados. _Nosotros estamos cansados_
8. ¿Dónde está Pedro?/En casa. _Pedro esta en casa,_

3 Complete las frases con el verbo correspondiente, según los modelos

Peter *es* alemán.
Peter *está* cansado.
1. La mesa _esta_ limpia.
2. La mesa _es_ metálica.
3. La puerta _esta_ cerrada.
4. La botella _esta_ vacía.
5. Ángela _es_ ingeniera.
6. Mi hermano _esta_ resfriado.
7. El gato _esta_ debajo de la mesa.
8. La habitación _es_ agradable.

4 Ponga en plural y diga el adjetivo contrario, según el modelo

El hotel es caro. —Los hoteles son baratos.

1. La puerta está cerrada. _Las puertas están abiertas_
2. La mesa está sucia. _Las mesas están limpias_
3. La botella está vacía. (empty) _Las botellas están llenas_
4. La ventana es grande. _Las ventanas son pequeñas_
5. El estudiante es simpático. _Los estudiantes son antipáticos_
6. El edificio es moderno. _Los edificios son antiguos._
7. La silla está libre. _Las sillas están ocupadas_
8. El coche es pequeño. _Los coches son grandes._

5 Transforme, según el modelo

1º **El edificio de ahí/moderno.** —Ese edificio es moderno.
2º **La silla de aquí/libre.** —Esta silla está libre.

1. La cafetería de aquí/limpia. _Esta cafetería está limpia_
2. La mesa de ahí/metálica. _Esa mesa es metálica._
3. La puerta de allí/cerrada. (there) _Esa puerta está cerrada_
4. La botella de aquí/vacía. _Esta botella está vacía_
5. La ventana de allí/pequeña. _Esa ventana es pequeña_
6. La plaza de aquí/grande. _esta plaza está grande._
7. El coche de allí/rápido. _aquel coche es rápido_
8. La habitación de ahí/agradable. _Esa habitación es agradable_ (nice)

6 Una los contrarios, según el modelo

moderno • • desordenado
enfermo (ill) • • viejo = old
ordenado • • tranquilo
cerrado • • libre
nuevo • • antiguo
nervioso • • incómodo (uncomfortable)
ocupado • • abierto
cómodo (comfy) • • sano = healthy

Nivel elemental 15

Lección 5 — Esta es mi casa

1 Transforme, según el modelo

Este sombrero es gris. — *Aquí hay un sombrero gris.*

1. Esta botella está vacía. _____
2. Esa fábrica es grande. _____
3. Aquel señor es simpático. _____
4. Ese libro es interesante. _____
5. Aquella falda es roja. _____
6. Esta plaza es tranquila. _____
7. Estos zapatos son viejos. _____
8. Esas sillas son cómodas. _____

2 Formule la pregunta, según el modelo

Aquí hay una plaza *tranquila*. — *¿Cómo es esta plaza?*

1. Allí hay una fábrica *grande*. _____
2. Aquí hay una botella *vacía*. _____
3. Ahí hay un jardín *tranquilo*. _____
4. Allí hay un hotel *barato*. _____
5. Ahí hay una puerta *cerrada*. _____
6. Aquí hay una habitación *pequeña*. _____
7. Allí hay un banco *abierto*. _____
8. Ahí hay un turista *cansado*. _____

3 Utilice el adjetivo posesivo correspondiente, según el modelo

Tengo una habitación agradable. — *Mi habitación es agradable.*

1. Tenéis una casa grande. _____
2. Tenemos un coche nuevo. _____
3. Ella tiene una falda roja. _____
4. Tienes una camisa azul. _____
5. Él tiene un perro negro. _____
6. Usted tiene una corbata amarilla. _____
7. Tengo unos zapatos grises. _____
8. Ustedes tienen un hijo muy simpático. _____

4 Conteste la pregunta, según el modelo

¿Cómo está tu hermana?/En forma. — Mi hermana está en forma.

1. ¿Cómo están tus padres?/*Bien.* _____
2. ¿Cómo está el hermano de Luisa?/*Enfermo.* _____
3. ¿Cómo están tus niños?/*Cansados.* _____
4. ¿Cómo está el abuelo de Juan?/*Enfermo.* _____
5. ¿Cómo están los suegros de José?/*Mejor.* _____
6. ¿Cómo están los abuelos de Pedro?/*Fuertes.* _____
7. ¿Cómo está tu tío?/*Soltero.* _____
8. ¿Cómo está la novia de Ramón?/*Cansada.* _____

5 Sustituya el verbo tener por el adjetivo posesivo correspondiente

Tengo una hermana peluquera. — Mi hermana es peluquera.

1. Tengo una falda roja. _____
2. Tienes unos pantalones azules. _____
3. Ella tiene un paraguas marrón. _____
4. Usted tiene un hijo muy simpático. _____
5. Tenemos una casa agradable. _____
6. Tenéis unos libros interesantes. _____
7. Ellos tienen un gato negro. _____
8. Ustedes tienen una familia muy grande. _____

6 Forme frases correctas, uniendo las dos partes de la frase, según el modelo

Mi sobrino es • • la madre de tu mujer.
Tu suegra es • • la hermana de tu padre.
Mis abuelos son • • el hijo de mi hermano.
Sus nietos son • • el hermano de tu madre.
Mi suegro es • • el padre de mi marido.
Tu tío es • • los padres de mis padres.
Mi nuera es • • el marido de tu hija.
Tu tía es • • la esposa de mi hijo.
Mi cuñado es • • los hijos de sus hijos.
Tu yerno es • • el hermano de mi mujer.

Nivel elemental

Lección 6 — ¡Qué calor hace!

1 Utilice "mucho" o "muy", según los modelos

29
Hoy hace calor. — Hoy hace mucho calor.
La tarde es fría. — La tarde es muy fría.

1. En invierno hace frío. _____
2. La temperatura es agradable. _____
3. Se levanta temprano. _____
4. En septiembre llueve. _____
5. Hace un día desagradable. _____
6. En invierno nieva. _____
7. Hoy hace viento. _____
8. Las noches son frías. _____

2 Sume dos unidades al número indicado, según el modelo

30
Uno más dos. — Tres.

1. Dos más dos (2 + 2). _____
2. Cinco más dos (5 + 2). _____
3. Ocho más dos (8 + 2). _____
4. Catorce más dos (14 + 2). _____
5. Diecinueve más dos (19 + 2). _____
6. Setenta más dos (70 + 2). _____
7. Setenta y nueve más dos (79 + 2). _____
8. Noventa y nueve más dos (99 + 2). _____

3 Multiplique, según el modelo

31
Dos por tres. — Seis.

1. Dos por cuatro (2 x 4). _____
2. Tres por tres (3 x 3). _____
3. Dos por ocho (2 x 8). _____
4. Tres por siete (3 x 7). _____
5. Cinco por cinco (5 x 5). _____
6. Siete por diez (7 x 10). _____
7. Ocho por siete (8 x 7). _____
8. Nueve por nueve (9 x 9). _____

4 Diga lo contrario, según el modelo

Hoy hace calor. — *Hoy hace frío.*

1. En invierno hace calor. _____
2. La temperatura es agradable. _____
3. Se levanta temprano. _____
4. Las tardes son frías. _____
5. Hoy hace mal tiempo. _____
6. Es pronto. _____
7. Aquí llueve mucho. _____
8. Este clima es húmedo. _____

5 Transforme, según el modelo

Tengo mucho calor. — *¡Qué calor tengo!*

1. Tengo mucho frío. _____
2. Tenemos mucha hambre. _____
3. Tienes mucho sueño. _____
4. Tengo mucha sed. _____
5. Tiene mucha prisa. _____
6. Tenemos mucha suerte. _____
7. Tiene mucho apetito. _____
8. Tienes mucha razón. _____

6 Transforme, según el modelo

Hoy hace mucho calor. — *¡Qué calor hace!*

1. Hace mucho viento. _____
2. Esta noche hace mucho frío. _____
3. Hace buen tiempo. _____
4. Hace mal tiempo. _____
5. Esta tarde hace fresco. _____
6. Hoy hace mucho sol. _____
7. Hoy hace bueno. _____
8. Hoy hace malo. _____

Nivel elemental

Lección 7 — ¿Adónde vas?

1 Ponga las terminaciones verbales correctas, según el modelo

(Ellos) Bailan *(bailar)* tango muy bien.

1. (Yo) Llam____ *(llamar)* por teléfono a mi hermano.
2. (Tú) Cant____ *(cantar)* canciones muy románticas.
3. (Él) Tom____ *(tomar)* mucho café.
4. Usted fum____ *(fumar)* mucho.
5. (Nosotros) Entr____ *(entrar)* en clase.
6. (Vosotros) Esper____ *(esperar)* el autobús.
7. Ustedes trabaj____ *(trabajar)* por la noche.
8. (Ellas) Habl____ *(hablar)* inglés y francés.

2 Ponga las formas verbales correctas, según el modelo

Los niños *(jugar)* juegan en el patio.

1. Los bancos *(cerrar)* _____ a las dos.
2. Todos los días nos *(despertar)* _____ a las siete.
3. ¿Qué partido político *(gobernar)* _____ en este país?
4. ¿A qué hora *(empezar)* _____ la lección?
5. ¿Qué *(contar –tú–)* _____ de nuevo?
6. El avión *(volar)* _____ por el aire.
7. Mi hija se *(acostar)* _____ muy temprano.
8. No me *(acordar)* _____ de tu nombre.

3 Conjugue, según el modelo

Estudiar español./Nosotros.   –Estudiamos español.

1. Ayudar en casa./Yo. _____
2. Contestar al profesor./Tú. _____
3. Explicar la lección./El profesor. _____
4. Fumar poco./Usted. _____
5. Hablar con los amigos./Nosotros. _____
6. Practicar los verbos./Vosotros. _____
7. Preguntar una duda./Ellas. _____
8. Estudiar por la noche./Ustedes. _____

4 Conteste la pregunta, según los modelos

¿Qué esperan ustedes?/*El autobús.* –Esperamos el autobús.
¿A quién esperan ustedes?/*Unos amigos.* –Esperamos a unos amigos.

1. ¿Qué escuchas?/*La radio.* _____
2. ¿A quién escuchas?/*El profesor.* _____
3. ¿A quién saludas?/*Mi hermano.* _____
4. ¿Qué estudiáis?/*Español.* _____
5. ¿Qué practican ustedes?/*Los verbos.* _____
6. ¿Qué fuma usted?/*Un cigarro.* _____
7. ¿A quién preguntan?/*Señor García.* _____
8. ¿Qué toman ustedes?/*Café.* _____

5 Sustituya el complemento directo por el pronombre personal correspondiente, según el modelo

Pedro escucha la radio. –Pedro la escucha.

1. Nosotros colgamos el cuadro. _____
2. Susana corta el pan. _____
3. El profesor explica la lección. _____
4. Usted contesta las preguntas. _____
5. Petra calienta la comida. _____
6. Los padres acuestan al niño. _____
7. Ellas cuelgan los cuadros. _____
8. Él compra unos guantes. _____

6 Conteste afirmativamente, según el modelo

¿Recuerdas esa película? –Sí, la recuerdo.

1. ¿Escucháis la radio? _____
2. ¿Alquilan ustedes la casa? _____
3. ¿Saludas al profesor? _____
4. ¿Colgáis el cuadro? _____
5. ¿Tocan ustedes el piano? _____
6. ¿Pintan ellos las puertas? _____
7. ¿Cierra usted las ventanas? _____
8. ¿Calientas la sopa? _____

Nivel elemental

Lección 8 — En el restaurante

1 Ponga las terminaciones verbales correctas, según el modelo

(Ella) Bebe *(beber)* **café con leche.**

1. ¿(Yo) Com____ *(comer)* todos los días a las dos y media.
2. (Tú) Deb____ *(deber)* estudiar más.
3. (Él) Comprend____ *(comprender)* la explicación.
4. Usted escond____ *(esconder)* sus dibujos.
5. (Nosotros) Promet____ *(prometer)* hacer los ejercicios.
6. (Vosotros) Corr____ *(correr)* todas las mañanas.
7. (Ellas) Com____ *(comer)* en el restaurante.
8. Ustedes le____ *(leer)* la carta del restaurante.

2 Ponga las formas verbales correctas, según el modelo

Mi marido *(volver)* **vuelve hoy de viaje.**

1. No *(entender –yo–)* _____ la explicación.
2. Siempre *(defender –tú–)* _____ tus derechos.
3. En mi casa *(tender –nosotros–)* _____ la ropa en la terraza.
4. Mi hija siempre *(perder)* _____ todo.
5. El portero *(devolver)* _____ el balón.
6. La dependienta *(envolver)* _____ el paquete.
7. ¡Qué bien *(oler)* _____ aquí!
8. ¿*(Poder –nosotros–)* _____ sentarnos?

3 Conjugue, según el modelo

Aprender español./Nosotros. —**Aprendemos español.**

1. Hacer los ejercicios./*Yo.* _____
2. Comer en un restaurante./*Tú.* _____
3. Comprender la lección./*Ella.* _____
4. Resolver los problemas./*Usted.* _____
5. Ver la televisión./*Nosotros.* _____
6. Saber la respuesta./*Vosotros.* _____
7. Tener prisa./*Ustedes.* _____
8. Poner la mesa./*Ellos.* _____

4 Conjugue, según el modelo

Envolver el regalo./Usted. –Usted envuelve el regalo.

1. Volver a casa./*Yo.* _____
2. Querer aprender./*Tú.* _____
3. Encender el televisor./*Él.* _____
4. Perder el tiempo./*Usted.* _____
5. Entender la pregunta./*Nosotros.* _____
6. Tender la ropa./*Vosotros.* _____
7. Defender sus ideas./*Ellas.* _____
8. Devolver el paquete./*Ustedes.* _____

5 Sustituya el complemento directo y el complemento indirecto por los pronombres personales correspondientes, según el modelo

Le presto dinero a mi hermano. –Se lo presto.

1. Le doy un consejo a mi hijo. _____
2. Petra les regala caramelos a los niños. _____
3. El camarero le trae la carta a Carlos. _____
4. El vendedor le envuelve el regalo a Luis. _____
5. La portera le entrega un telegrama a mi padre. _____
6. El profesor da apuntes a los alumnos. _____
7. Les hacemos un regalo a los amigos. _____
8. Le enseño las cartas a mi hermana. _____

6 Conteste afirmativamente, sustituyendo los complementos por los pronombres personales correspondientes, según el modelo

¿Me dices la verdad? –Sí, te la digo.

1. ¿Me presta usted un bolígrafo? _____
2. ¿Nos dais permiso? _____
3. ¿Le leéis el telegrama? _____
4. ¿Me traes noticias? _____
5. ¿Nos envuelve usted el libro? _____
6. ¿Nos dais una respuesta? _____
7. ¿Le traéis el libro? _____
8. ¿Nos devolvéis el diccionario? _____

Nivel elemental

Lección 9 — ¿Dónde vives?

1 Ponga las terminaciones verbales correctas, según el modelo

(Ellos) Viven *(vivir)* en este barrio.

1. (Yo) Escrib____ *(escribir)* una carta a mis tíos.
2. (Tú) Abr____ *(abrir)* las ventanas por la mañana.
3. (Él) Part____ *(partir)* el pan.
4. Usted viv____ *(vivir)* en el centro de la ciudad.
5. (Nosotros) Recib____ *(recibir)* muchos regalos.
6. (Vosotros) Sub____ *(subir)* las escaleras.
7. Ustedes sal____ *(salir)* mañana de viaje.
8. Las tortugas viv____ *(vivir)* muchos años.

2 Ponga las formas verbales correctas, según el modelo

Mi madre *(preferir)* prefiere levantarse pronto.

1. El profesor *(corregir)* _____ los ejercicios.
2. Mi amigo *(pedir)* _____ un café.
3. El camarero *(servir)* _____ la comida.
4. Los políticos *(mentir)* _____ mucho.
5. Mis amigos *(preferir)* _____ el vino a la cerveza.
6. No me *(sentir)* _____ bien.
7. Los domingos, *(dormir –nosotros–)* _____ hasta las diez.
8. Los niños se *(divertir)* _____ con cualquier cosa.

3 Conjugue, según el modelo

Dormir hasta las diez./El bebé.   –El bebé duerme hasta las diez.

1. Salir pronto de casa./*Yo.* _____
2. Oír la radio./*Tú.* _____
3. Repetir los ejercicios./*Antonio.* _____
4. Medir la casa./*El arquitecto.* _____
5. Preferir un café./*Tú y yo.* _____
6. Sentir calor./*Vosotros.* _____
7. Dormir la siesta./*Ustedes.* _____
8. Vivir en Madrid./*Mis amigos.* _____

4 Utilice el pronombre reflexivo, según el modelo

Me afeito con cuchilla./Pedro. — *Pedro también se afeita con cuchilla.*

1. Antonio se ducha por la mañana./*Luis.* _____
2. Ustedes se acuestan pronto./*Nosotros.* _____
3. El niño se peina solo./*Vosotras.* _____
4. Yo me visto después de ducharme./*Nosotros.* _____
5. Tú te bañas en la piscina./*Ustedes.* _____
6. Ellas se despiertan a las siete./*Tú.* _____
7. Los niños se lavan la cara./*Yo.* _____
8. Nos levantamos temprano./*El profesor.* _____

5 Sustituya el complemento directo por el pronombre personal correspondiente, según el modelo

Pedro se afeita la barba. — *Pedro se la afeita.*

1. María se corta el pelo. _____
2. Nosotros nos lavamos la cara. _____
3. Ustedes se quitan el abrigo. _____
4. Nosotros nos ponemos los guantes. _____
5. El niño se seca las manos. _____
6. El camarero se mancha la camisa. _____
7. Mi amiga se pinta los labios. _____
8. Luisa se quita los zapatos. _____

6 Conteste la pregunta, según los modelos

¿Les gusta a ustedes la música clásica?/Sí. — *Sí, nos gusta la música clásica.*
¿Le duele a usted la cabeza?/No. — *No, no me duele la cabeza.*

1. ¿Te gustan los perros?/*Sí.* _____
2. ¿Te gusta la televisión?/*No.* _____
3. ¿Os duelen los ojos?/*Sí.* _____
4. ¿Os duele la cabeza?/*No.* _____
5. ¿Les gusta a ustedes levantarse temprano?/*Sí.* _____
6. ¿Te gusta estudiar?/*Sí.* _____
7. ¿Les duelen a ustedes los pies?/*Sí.* _____
8. ¿Os gusta comer?/*Sí.* _____

Nivel elemental

Lección 10 ¿Qué estás haciendo?

1 Ponga las formas verbales correctas, según el modelo

Todos dicen que me *(parecer)* parezco a mi padre.

1. Este traductor *(traducir)* _____ del japonés al español.
2. En este jardín *(crecer)* _____ muchas flores.
3. No *(conocer –yo–)* _____ a tu hermano.
4. En Inglaterra *(conducir –ellos–)* _____ por la izquierda.
5. Siempre *(obedecer –yo–)* _____ las instrucciones.
6. En esta tienda *(ofrecer)* _____ ropa a buen precio.
7. Te *(agradecer –yo–)* _____ lo que haces por mí.
8. Esta niña se *(parecer)* _____ mucho a su madre.

2 Ponga las formas verbales correctas, según el modelo

Esa región *(producir)* produce mucho vino.

1. Cuando *(conducir –yo–)* _____ por la noche, me canso mucho.
2. Por lo que dices, *(deducir –yo–)* _____ que estás contento.
3. Esa pieza se *(introducir)* _____ en este hueco.
4. Esta lámpara *(lucir)* _____ más que aquella.
5. Una comida adecuada *(reducir)* _____ el colesterol.
6. Cuando *(traducir –yo–)* _____, no necesito diccionario.
7. El fin de semana se *(producir)* _____ muchos accidentes de tráfico.
8. Esta fábrica *(producir)* _____ radios y televisores.

3 Utilice la forma continua, según el modelo

Antonio trabaja mucho.   –Antonio está trabajando mucho.

1. Espero carta de un amigo. _____
2. Aprendes español. _____
3. Usted fuma demasiado. _____
4. Él duerme en un hotel. _____
5. Vivimos en el *camping*. _____
6. Os laváis las manos. _____
7. Ellas oyen la radio. _____
8. Ustedes leen la revista. _____

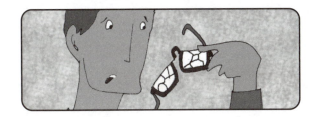 

4 Sustituya el complemento directo por el pronombre personal y utilice la forma continua, según el modelo

Leo el periódico. — *Estoy leyéndolo.*

1. Tomo café. _____
2. Escribes una carta. _____
3. Ella fuma un cigarro. _____
4. Usted prepara la comida. _____
5. Leemos el periódico. _____
6. Ellas duermen la siesta. _____
7. Decís la verdad. _____
8. Los alumnos corrigen las faltas. _____

5 Conteste la pregunta, según el modelo

¿Te estás duchando?/Sí. — *Sí, estoy duchándome.*

1. ¿Están ustedes repasando la lección?/Sí. _____
2. ¿Estás haciendo el ejercicio?/Sí. _____
3. ¿Está él afeitándose?/No. _____
4. ¿Estás poniéndote el abrigo?/Sí. _____
5. ¿Están saludando a sus amigas?/Sí. _____
6. ¿Estas lavándote los dientes?/No. _____
7. ¿Están ustedes aburriéndose?/No. _____
8. ¿Estás dictándole la carta?/Sí. _____

6 Responda afirmativamente utilizando el pronombre posesivo, según el modelo

¿Es esa vuestra hermana? — *Sí, es la nuestra.*

1. ¿Es esta su casa, Sr. López? _____
2. ¿Es aquel vuestro profesor? _____
3. ¿Son estos tus guantes? _____
4. ¿Son esos los libros de Pedro? _____
5. ¿Es esta tu camisa? _____
6. ¿Son aquellos los padres de Luis? _____
7. ¿Es este tu coche? _____
8. ¿Son aquellas las gafas de Susana? _____

Nivel elemental

Lección 11 ¿Qué podemos hacer?

1 Utilice el futuro próximo, según el modelo

¿Qué vas a hacer esta tarde?/*Ir al cine.* —*Esta tarde voy a ir al cine.*
1. ¿Qué vas a hacer el fin de semana?/*Visitar a unos amigos.* _____
2. ¿Qué va a hacer usted mañana?/*Ir a clase.* _____
3. ¿Qué vais a hacer esta noche?/*Quedarse en casa.* _____
4. ¿Qué vamos a hacer ahora?/*Repetir el ejercicio.* _____
5. ¿Qué voy a hacer luego?/*Descansar.* _____
6. ¿Qué va a hacer usted después de clase?/*Ir a la playa.* _____
7. ¿Qué vas a hacer después de ducharte?/*Vestirse.* _____
8. ¿Qué van a hacer ustedes después de comer?/*Lavarse los dientes.* _____

2 Utilice "querer + infinitivo", según el modelo

¿Qué quieres hacer esta tarde?/*Ir al cine.* —*Esta tarde quiero ir al cine.*
1. ¿Qué quieres hacer el fin de semana?/*Visitar a unos amigos.* _____
2. ¿Qué quiere hacer usted mañana?/*Ir a clase.* _____
3. ¿Qué queréis hacer esta noche?/*Quedarse en casa.* _____
4. ¿Qué queremos hacer ahora?/*Repetir el ejercicio.* _____
5. ¿Qué quiero hacer luego?/*Descansar.* _____
6. ¿Qué quiere hacer usted después de clase?/*Ir a la playa.* _____
7. ¿Qué quieres hacer después de ducharte?/*Vestirse.* _____
8. ¿Qué quieren hacer ustedes después de comer?/*Lavarse los dientes.* _____

3 Conteste afirmativamente, según el modelo

¿Pensáis compraros ese coche? —*Sí, pensamos comprárnoslo.*
1. ¿Puede usted decirme la hora? _____
2. ¿Debéis escribirles una carta? _____
3. ¿Prefieres repasar la lección? _____
4. ¿Quieres prestarme ese libro? _____
5. ¿Puede usted repetirme su número de teléfono? _____
6. ¿Piensan ustedes confesarnos la verdad? _____
7. ¿Puede usted cortarme el pelo? _____
8. ¿Puedes quitarme las botas? _____

Nuevo Español 2000

4 Conteste negativamente, según el modelo

16 ¿Piensas decirme la verdad?   –No, no te la voy a decir.
1. ¿Puedes cerrar la puerta? _____
2. ¿Quieres tomarte un café? _____
3. ¿Piensas escribir la carta? _____
4. ¿Quiere usted decirme la verdad? _____
5. ¿Puede usted hacerme el favor? _____
6. ¿Piensa usted cantar la canción? _____
7. ¿Quieres repetir el ejercicio? _____
8. ¿Puedes abrir la ventana? _____

5 Conteste negativamente, utilizando el pronombre indefinido correspondiente, según el modelo

17 ¿Viene alguien por el jardín?   –No, no viene nadie.
1. ¿Queda alguna naranja en la nevera? _____
2. ¿Tienes alguna camisa verde? _____
3. ¿Hay algún hotel próximo? _____
4. ¿Sabe alguien el camino? _____
5. ¿Quieres algo? _____
6. ¿Puedes dejarme algún libro? _____
7. ¿Tienes algunas medias negras? _____
8. ¿Hay alguna pregunta? _____

6 Cambie la posición de la negación, según el modelo

18 Antonio no dice nunca la verdad.   –Antonio nunca dice la verdad.
1. No me canso nunca. _____
2. No saluda a nadie. _____
3. No vemos nada. _____
4. No puedes hacer nada. _____
5. No llegáis nunca a tiempo. _____
6. No está atendiendo nadie. _____
7. No me dejan hacer nada. _____
8. No repetimos el ejercicio nunca. _____

Nivel elemental

Lección 12 — En el médico

1 Ponga la forma correcta del imperativo, según el modelo

Debes borrar la pizarra. — *¡Borra la pizarra!*

1. Debes llamar por teléfono. _____
2. Debes cantar un tango. _____
3. Debéis tomar café. _____
4. Debéis entrar en clase. _____
5. Debes esperar el autobús. _____
6. Debéis trabajar mucho. _____
7. Debes pagar la cuenta. _____
8. Debéis pegar el sello. _____

2 Ponga la forma correcta del imperativo, según el modelo

No debes borrar la pizarra. — *¡No borres la pizarra!*

1. No debes llamar por teléfono. _____
2. No debes cantar un tango. _____
3. No debéis tomar café. _____
4. No debéis entrar en clase. _____
5. No debes esperar el autobús. _____
6. No debéis trabajar mucho. _____
7. No debes pagar la cuenta. _____
8. No debéis pegar el sello. _____

3 Forme el imperativo, según el modelo

No tomas café. — *¡Toma café!*

1. Usted no trabaja mucho. _____
2. No ayudáis a los demás. _____
3. No escribes cartas. _____
4. Ustedes no leen la lección. _____
5. No cogéis el autobús. _____
6. No repites los ejercicios. _____
7. Usted no come pan. _____
8. No bebéis agua. _____

4 Forme el imperativo, según el modelo

¿Por qué no me das un cigarrillo? —¡Dámelo!

1. ¿Por qué no nos dices la verdad? _____
2. ¿Por qué no te quitas el abrigo? _____
3. ¿Por qué no me dice usted su apellido? _____
4. ¿Por qué no nos escriben ustedes una carta? _____
5. ¿Por qué no me hace usted una pregunta? _____
6. ¿Por qué no me traes una cerveza? _____
7. ¿Por qué no me regalas una corbata? _____
8. ¿Por qué no os tomáis la leche? _____

5 Utilice el imperativo negativo, sustituyendo el complemento directo por el pronombre personal correspondiente, según el modelo

¡Dame un cigarrillo! —¡No me lo des!

1. ¡Quítate el abrigo! _____
2. ¡Dinos la verdad! _____
3. ¡Dígame su apellido! _____
4. ¡Escríbannos una carta! _____
5. ¡Hágame una pregunta! _____
6. ¡Tráeme una cerveza! _____
7. ¡Regálame esa corbata! _____
8. ¡Tomaos la leche! _____

6 Conteste la pregunta utilizando el imperativo, según el modelo

¿Te hago una foto?/Sí. —Sí, ¡házmela!

1. ¿Me pongo esta camisa?/Sí. _____
2. ¿Te compro el periódico?/No. _____
3. ¿Os digo la verdad?/Sí. _____
4. ¿Te traigo un café?/Sí. _____
5. ¿Os canto una canción?/No. _____
6. ¿Os compramos caramelos?/Sí. _____
7. ¿Les hago a ustedes la comida?/No. _____
8. ¿Les hago a ellos la comida?/No. _____

Lección 13 — De compras

1. Ponga la forma correcta del imperativo, según el modelo

Acertar *(–tú–)* la respuesta. — ¡Acierta la respuesta!

1. Empezar *(–tú–)* a trabajar. _____
2. Atravesar *(–tú–)* la calle. _____
3. Cerrar *(–vosotros–)* la puerta. _____
4. Fregar *(–vosotros–)* los platos. _____
5. Aprobar *(–vosotros–)* el curso. _____
6. Comprobar *(–tú–)* la factura. _____
7. Probar *(–tú–)* este vino. _____
8. Tostar *(–vosotros–)* el pan. _____

2. Conteste la pregunta utilizando el imperativo y los pronombres personales, según el modelo

¿Te sirvo el café? — Sí, sírvemelo.

1. ¿Te digo la dirección? _____
2. ¿Os repito la pregunta? _____
3. ¿Les muestro la habitación? _____
4. ¿Le envuelvo el libro? _____
5. ¿Te traigo el periódico? _____
6. ¿Os doy mi número de teléfono? _____
7. ¿Le cuelgo el abrigo? _____
8. ¿Te cuento la verdad? _____

3. Sustituya los sustantivos por los pronombres personales, según el modelo

Por favor, cierre la puerta. — ¡Ciérrela!

1. Por favor, repite la pregunta. _____
2. Por favor, pedid la cuenta. _____
3. Por favor, encienda la luz. _____
4. Por favor, sigan el consejo. _____
5. Por favor, cuelga el abrigo. _____
6. Por favor, cierren los libros. _____
7. Por favor, envuelva el libro. _____
8. Por favor, tiende la ropa. _____

4 Forme el comparativo y el superlativo, según el modelo

28   Este hotel es caro./*Sí, pero ese…*   –*Sí, pero ese es más caro.*
     /*Y aquel…*   –*Y aquel es el más caro de todos.*

1. Este proyecto es bueno./*Sí, pero ese* _____
   /*Y aquel* _____

2. Esta casa es grande./*Sí, pero esa* _____
   /*Y aquella* _____

3. Este trabajo es malo./*Sí, pero ese* _____
   /*Y aquel* _____

4. Esta habitación es pequeña./*Sí, pero esa* _____
   /*Y aquella* _____

5. Estos zapatos son caros./*Sí, pero esos* _____
   /*Y aquellos* _____

6. Este reloj es antiguo./*Sí, pero ese* _____
   /*Y aquel* _____

7. Esta alumna es muy inteligente./*Sí, pero esa* _____
   /*Y aquella* _____

8. Estos sillones son muy cómodos./*Sí, pero esos* _____
   /*Y aquellos* _____

5 Forme el superlativo, según el modelo

   Este ejercicio es muy difícil.   –*Es dificilísimo.*

1. Aquel restaurante es muy caro. _____
2. Carmen es muy nerviosa. _____
3. El Sr. López es muy rico. _____
4. Estos tomates son muy frescos. _____
5. Este problema es muy complicado. _____
6. Tu proyecto es muy interesante. _____
7. Vuestra madre es muy simpática. _____
8. Estos zapatos son muy cómodos. _____

Nivel elemental

Lección 14 — En el aeropuerto

1 Utilice "tener que", según el modelo

Sed puntuales. — Tenéis que ser puntuales.

1. Llame a información. _____
2. Come más fruta. _____
3. Tengan más paciencia. _____
4. Echa esta carta. _____
5. Trabajad más. _____
6. Certifique el paquete. _____
7. Leed el periódico. _____
8. Reserven las entradas. _____

2 Exprese la idea opuesta, empleando "deber + infinitivo", según el modelo

Estudias poco. — Debes estudiar más.

1. Ustedes trabajan mucho. _____
2. Sois poco puntuales. _____
3. Conduces muy deprisa. _____
4. Usted toma poca fruta. _____
5. Los niños se acuestan muy tarde. _____
6. Bebes poca leche. _____
7. Tenéis poca paciencia. _____
8. Usted hace poco deporte. _____

3 Ponga la forma correcta del imperativo, según el modelo

No debes comer más. — ¡No comas más!

1. No debes beber alcohol. _____
2. No debéis retroceder ante el peligro. _____
3. No debes sorber la sopa. _____
4. No debéis desprender la garantía. _____
5. No tienes que crecer más. _____
6. No tienes que desobedecer. _____
7. No tenéis que desaparecer. _____
8. No tenéis que ofrecer nada. _____

4 Forme el comparativo y el superlativo, según el modelo

33. Comes muchas patatas./*Sí, pero él…*   –Sí, pero él come más patatas.
/*Y ella…*   –Y ella es la que más patatas come de todos.

1. María habla bien francés./*Sí, pero Pedro* _____
   /*Y Luis* _____

2. Su coche corre mucho./*Sí, pero el vuestro* _____
   /*Y el nuestro* _____

3. Este queso huele mal./*Sí, pero ese* _____
   /*Y aquel* _____

4. Carlos fuma mucho./*Sí, pero José* _____
   /*Y vosotros* _____

5. Ellos trabajan muy bien./*Sí, pero María* _____
   /*Y nosotros* _____

6. Tengo poca paciencia./*Sí, pero tú* _____
   /*Y ella* _____

7. Luis se levanta temprano./*Sí, pero Carlos* _____
   /*Y nosotros* _____

8. Ella escribe muy deprisa a máquina./*Sí, pero yo* _____
   /*Y Carmen* _____

5 Utilice la preposición temporal más adecuada, según el modelo

34. ¿A qué hora empieza el concierto?/*Ocho y media.*   –A las ocho y media (8.30).

1. ¿Cuándo sales de clase?/*Mediodía.* _____
2. ¿Cuándo va a ir usted a España?/*Otoño.* _____
3. ¿Hasta cuándo dura el congreso?/*4 de mayo.* _____
4. ¿Cuánto tiempo estás en la oficina?/*Ocho de la mañana, dos de la tarde.* _____
5. ¿Cuándo hace usted gimnasia?/*Levantarse.* _____
6. ¿A qué hora le despierto?/*Nueve en punto.* _____
7. ¿Cuándo vais a pasear?/*Noche.* _____
8. ¿Cuándo toman ustedes el aperitivo?/*Comida.* _____

Nivel elemental

Lección 15 — Cuando yo era niño

1 Ponga las terminaciones correctas del imperfecto de indicativo

Mi padre trabaj*aba* (trabajar) en el campo.

1. Nosotros acept_____ *(aceptar)* sus consejos.
2. Mi hermano ahorr_____ *(ahorrar)* todos los meses.
3. El profesor borr_____ *(borrar)* la pizarra.
4. Mi hermana nad_____ *(nadar)* una hora todos los días.
5. Los alumnos pregunt_____ *(preguntar)* las dudas.
6. Mi padre siempre tom_____ *(tomar)* esas pastillas.
7. La lluvia nos moj_____ *(mojar)* por no llevar paraguas.
8. Juan y Luis trat_____ *(tratar)* de ser simpáticos.

2 Ponga las terminaciones correctas del imperfecto de indicativo

Ellos sal*ían* (salir) todos los sábados juntos.

1. No me atrev_____ *(atrever)* a decirte la verdad.
2. Mi hermano nunca beb_____ *(beber)* vino en las comidas.
3. En aquel trabajo, vosotros recib_____ *(recibir)* un salario justo.
4. Los precios sub_____ *(subir)* sin parar.
5. Mi madre sufr_____ *(sufrir)* mucho con aquellas noticias.
6. Mis amigos viv_____ *(vivir)* al final de esta calle.
7. Los problemas se un_____ *(unir)* unos con otros.
8. Todos los días, nosotros recorr_____ *(recorrer)* diez kilómetros a pie.

3 Conteste la pregunta, según el modelo

¿Dónde vivían ustedes antes?/En Barcelona.   –Vivíamos en Barcelona.

1. ¿Dónde trabajaba usted antes?/*En Correos.* _____
2. ¿Cuántos habitantes tenía tu pueblo en 1990?/*10.000 habitantes.* _____
3. ¿Qué había antes aquí?/*Un parque.* _____
4. ¿Cómo era tu abuela?/*Muy guapa.* _____
5. ¿Adónde ibais a esquiar en invierno?/*A Suiza.* _____
6. ¿Cuánto costaba antes un litro de gasolina?/*0,80 €.* _____
7. ¿A qué hora comías en Inglaterra?/*A las 12 del mediodía.* _____
8. ¿Cuántas horas de clase tenían ustedes cada día?/*4 horas.* _____

4 Forme el imperfecto, según el modelo

Ahora duermo muy poco. —*Antes dormía más.*

1. Ahora jugamos muy poco al tenis. _____
2. Ahora mi padre fuma muy pocos puros. _____
3. Ahora hacéis muy poco deporte. _____
4. Ahora tienes muy poca paciencia. _____
5. Ahora ellos viven muy poco en el pueblo. _____
6. Ahora leo muy poco. _____
7. Ahora ella me llama muy poco por teléfono. _____
8. Ahora ustedes salen muy poco de casa. _____

5 Utilice el pronombre relativo "que", según el modelo

Tenemos un coche. El coche gasta poca gasolina.
—*Tenemos un coche que gasta poca gasolina.*

1. Ellos viven en una casa. La casa está en el centro de la ciudad. _____
2. Tengo un amigo francés. Mi amigo francés está aprendiendo español. _____
3. En este cine ponen una película. La película es muy divertida. _____
4. Tráeme los vasos. Los vasos están en la cocina. _____
5. José tiene un perro. El perro muerde a todo el mundo. _____
6. Conozco un hotel. El hotel no es muy caro. _____
7. Hay muchos problemas. Los problemas no tienen solución. _____
8. Usted tiene una secretaria. La secretaria maneja muy bien el ordenador. _____

6 Utilice "¡qué!", según el modelo

Hace mucho calor. —*¡Qué calor hace!*

1. Esta sopa está muy salada. _____
2. Estas naranjas son muy caras. _____
3. Estoy muy cansado. _____
4. Aquí huele muy mal. _____
5. Este café sabe muy amargo. _____
6. María canta muy bien. _____
7. Usted tiene una pronunciación muy buena. _____
8. Comes muy deprisa. _____

Nivel elemental

Lección 16 — En el hospital

1 Ponga las terminaciones correctas del pretérito indefinido

(Ellos) Ahor*raron* (ahorrar) mucho el mes pasado.

1. (Yo) Trabaj____ *(trabajar)* en esta empresa.
2. (Tú) Habl____ *(hablar)* mucho ayer.
3. (Él) Rob____ *(robar)* las joyas.
4. (Nosotros) Compr____ *(comprar)* los regalos.
5. (Vosotros) Ocult____ *(ocultar)* las pruebas del delito.
6. (Ellos) Plant____ *(plantar)* estos árboles.
7. (Usted) Arregl____ *(arreglar)* la avería de la lavadora.
8. (Ustedes) Aprob____ *(aprobar)* el examen sin dificultad.

2 Ponga las terminaciones correctas del pretérito indefinido

(Nosotros) Viv*imos* (vivir) en Madrid un año.

1. (Tú) Corr____ *(correr)* la maratón del domingo.
2. (Ella) Beb____ *(beber)* mucho vino ayer.
3. (Usted) Vend____ *(vender)* la casa de sus abuelos.
4. (Nosotros) Tem____ *(temer)* lo peor.
5. (Yo) Cumpl____ *(cumplir)* veintitrés años la semana pasada.
6. (Vosotros) Interrump____ *(interrumpir)* las vacaciones por el accidente.
7. (Ellas) Asist____ *(asistir)* a la conferencia.
8. (Yo) Me decid____ *(decidir)* en el último momento.

3 Conteste la pregunta, según el modelo

¿Adónde fueron ustedes ayer?/*Al cine.*   –Fuimos al cine.

1. ¿Dónde estuvo usted ayer?/*En casa.* _____
2. ¿Adónde fuiste de excursión?/*A Toledo.* _____
3. ¿Cuándo vinieron tus padres?/*El jueves pasado.* _____
4. ¿Dónde fue la conferencia?/*En el aula magna.* _____
5. ¿Qué hicisteis ayer en clase?/*Un dictado.* _____
6. ¿Cuánta fiebre tuviste ayer?/*38 grados.* _____
7. ¿Qué pusieron ayer en la televisión?/*Una película policíaca.* _____
8. ¿Qué te dio el cartero?/*Un telegrama.* _____

4 Forme el indefinido, según el modelo

Él está enfermo./La semana pasada. —La semana pasada estuvo enfermo.

1. No puedo dormir bien./*Anoche.* _____
2. Vamos a bailar./*La semana pasada.* _____
3. Ellos están de viaje./*El mes pasado.* _____
4. Usted no me dice la verdad./*Ayer.* _____
5. Sois muy puntuales./*Ayer por la mañana.* _____
6. Hace mucho frío./*El invierno pasado.* _____
7. Me pongo muy nervioso./*En el examen de ayer.* _____
8. Ustedes tienen muy mala suerte./*Ayer por la noche.* _____

5 Utilice el pronombre relativo, según el modelo

El señor que está a la izquierda es el director./A la derecha/mi jefe.
—El que está a la derecha es mi jefe.

1. La puerta que está abierta es la de la cocina./*Cerrada/el baño.* _____
2. La novela que leo es policíaca./*Él/de aventuras.* _____
3. La señora que lleva gafas es alemana./*Sombrero/inglesa.* _____
4. El queso que está en la nevera es francés./*En la mesa/holandés.* _____
5. El puente que veis al Oeste es gótico./*Al Este/románico.* _____
6. El autobús que va a Toledo sale a las 7./*A Sevilla/a las 8.* _____
7. La moto que está en la calle es mía./*En el garaje/de mi hermano.* _____
8. Las clases que tenemos por la mañana son muy interesantes./*Por la tarde/muy aburridas.*
_____

6 Formule la pregunta, sustituyendo el complemento por el pronombre interrogativo correspondiente, según el modelo

Este jarrón es *de porcelana*. —¿De qué es este jarrón?

1. El abrigo marrón es *de Juan.* _____
2. Este paquete es *para José.* _____
3. Madrid tiene *cuatro millones de habitantes.* _____
4. Carmen vive *con sus padres.* _____
5. Los niños jugaron *al fútbol.* _____
6. Ellos hablaron *de política.* _____
7. Carlos vino *ayer.* _____
8. Antonio le regaló *un disco.* _____

Nivel elemental

Lección 17 ¿Qué tal el viaje?

1 Ponga las formas correctas del pretérito indefinido, según el modelo

Luis *(creer)* creyó que vendríamos antes.

1. Ayer *(leer –yo–)* _____ la última novela de este autor.
2. La fiesta no *(decaer)* _____ en toda la noche.
3. Los ratones *(roer)* _____ el queso.
4. El enfermo *(recaer)* _____ en sus dolencias.
5. Antonio y Luis *(caer)* _____ vestidos a la piscina.
6. Mi amigo *(leer)* _____ la carta tres veces.
7. Los policías no *(creer)* _____ lo que les dijiste.
8. Antonio se *(caer)* _____ al cruzar la calle.

2 Ponga las formas correctas del pretérito indefinido, según el modelo

Mi padre no *(poder)* pudo avisarnos antes.

1. Ayer *(saber –yo–)* _____ toda la verdad.
2. El armario no *(caber)* _____ en el ascensor.
3. Cuando era joven, yo *(tener)* _____ un coche como ese.
4. El mes pasado *(hacer –yo–)* _____ muchos viajes.
5. Anoche *(rehacer –nosotros–)* _____ todos los ejercicios.
6. Raúl *(poner)* _____ a Jorge como ejemplo.
7. Los policías no *(poder)* _____ detener al ladrón.
8. Los niños no *(querer)* _____ el pescado.

3 Conteste la pregunta utilizando pronombres personales, según el modelo

¿Hicieron ustedes el viaje?   –Sí, lo hicimos.

1. ¿Te pusiste el vestido rojo?/*Sí.* _____
2. ¿Te trajo Luis el paquete?/*Sí.* _____
3. ¿Supieron ustedes la solución?/*No.* _____
4. ¿Pudiste arreglar la avería?/*No.* _____
5. ¿Os dijo Luis la fecha del congreso?/*Sí.* _____
6. ¿Hicisteis los ejercicios?/*Sí.* _____
7. ¿Le diste el cheque al Sr. García?/*No.* _____
8. ¿Corrigieron ustedes las faltas?/*Sí.* _____

4. Forme el indefinido, según el modelo

Ellos piden la cuenta. — *Ellos pidieron la cuenta.*

1. El enfermo duerme mal. _____
2. El niño no quiere comer. _____
3. No podemos ir al cine. _____
4. La policía nos impide la entrada. _____
5. Oigo las noticias por la radio. _____
6. Ellos eligen nuevo presidente. _____
7. El camarero nos sirve un café. _____
8. Tenemos una hora libre. _____

5. Formule la pregunta sustituyendo el complemento por el pronombre interrogativo correspondiente, según el modelo

Mi padre se cayó *por la escalera*. — *¿Por dónde se cayó tu padre?*

1. María condujo *hasta París*. _____
2. La bomba destruyó *el edificio*. _____
3. Ellos no creyeron *la noticia*. _____
4. Excluyeron *a dos jugadores*. _____
5. Él oyó *un concierto*. _____
6. Los árabes construyeron *este castillo*. _____
7. Juan contribuyó *con su dinero*. _____
8. El profesor incluyó *a dos alumnos*. _____

6. Conteste la pregunta, según el modelo

¿Tuvieron ustedes algún problema?/*No.* — *No, no tuvimos ninguno.*

1. ¿Tenéis bastante cerveza?/*Sí.* _____
2. ¿Comprende usted algo?/*No.* _____
3. ¿Llamó alguien por teléfono?/*No.* _____
4. ¿Queréis otro café?/*Sí.* _____
5. ¿Va tu padre todos los domingos al fútbol?/*Sí.* _____
6. ¿Tiene usted alguna habitación libre?/*No.* _____
7. ¿Hizo mucho frío en la sierra?/*Sí.* _____
8. ¿Tuvo el enfermo ayer mucha fiebre?/*Sí.* _____

Nivel elemental

Lección 18 — El tráfico en la ciudad

1. Forme el pretérito perfecto, según el modelo

Me levanto a las 7./*Hoy.* —*Hoy me he levantado a las 7.*

1. Él va en autobús a la oficina./*Esta mañana.* _____
2. Nos quedamos en casa./*Este fin de semana.* _____
3. Nieva mucho en la sierra./*Este año.* _____
4. Ellos pasan las vacaciones junto al mar./*Este verano.* _____
5. La cosecha de vino es buena./*Este otoño.* _____
6. Tengo mucho trabajo./*Esta semana.* _____
7. Vosotros coméis muy poco./*Este mediodía.* _____
8. Ellos están de viaje./*Este mes.* _____

2. Conteste la pregunta negativamente utilizando el pretérito perfecto y el pronombre personal, según el modelo

¿Tenéis que encargar las entradas? —No, ya las hemos encargado.

1. ¿Tiene usted que facturar las maletas? _____
2. ¿Vais a dar un paseo? _____
3. ¿Tienes que preparar la comida? _____
4. ¿Tienen ustedes que hacer el equipaje? _____
5. ¿Vas a escribirle a Juan? _____
6. ¿Vais a envolver los regalos? _____
7. ¿Vas a ver la película? _____
8. ¿Tenéis que reservar mesa? _____

3. Utilice el pretérito perfecto y el pronombre personal, según el modelo

¡Pon la mesa! —¡Ya la he puesto!

1. ¡Dime la verdad! _____
2. ¡Hagan los ejercicios! _____
3. ¡Escríbele una carta! _____
4. ¡Resolved el problema! _____
5. ¡Abre el paquete! _____
6. ¡Vean esta obra de teatro! _____
7. ¡Ponga el vino en la mesa! _____
8. ¡Rompe la tapa! _____

4 Transforme al pretérito perfecto, según el modelo

Ayer fui al cine./*Hoy.*   –Hoy he ido al cine.

1. En 2006 fui de vacaciones a Italia./*Este año.* _____
2. La semana pasada estuve en la biblioteca./*Hoy por la mañana.* _____
3. El mes pasado me compré este libro./*Esta semana.* _____
4. El domingo estuvimos en el cine./*Esta tarde.* _____
5. La primavera pasada tuve alergia./*Esta primavera.* _____
6. El otro día perdisteis el autobús./*Hoy.* _____
7. Ayer no se publicaron los periódicos./*Hoy.* _____
8. Anoche trabajamos mucho./*Esta mañana.* _____

5 Conteste la pregunta afirmativamente, según el modelo

¿Habéis firmado el contrato?   –Sí, el contrato ya está firmado.

1. ¿Habéis reservado los billetes? _____
2. ¿Has hecho la compra? _____
3. ¿Ha escrito usted la carta? _____
4. ¿Ha cerrado usted el cajón? _____
5. ¿Se han agotado las localidades? _____
6. ¿Han traducido el prospecto? _____
7. ¿Han resuelto todos los problemas? _____
8. ¿Han abierto las tiendas? _____

6 Conteste la pregunta, según el modelo

¿Qué has hecho esta tarde?/*Trabajar.*   –He estado trabajando.

1. ¿Qué han hecho tus padres después de comer?/*Ver la televisión.* _____
2. ¿Qué has hecho el fin de semana?/*Hacer una excursión.* _____
3. ¿Qué habéis hecho a las diez?/*Repasar los verbos.* _____
4. ¿Qué han hecho ustedes esta mañana?/*Dar un paseo.* _____
5. ¿Qué ha hecho Luis después de levantarse?/*Hacer la cama.* _____
6. ¿Qué has hecho para aprobar?/*Estudiar todos los días.* _____
7. ¿Qué has hecho últimamente?/*Visitar a mi familia.* _____
8. ¿Qué has hecho antes de venir?/*Dormir una siesta.* _____

Nivel elemental

Lección 19 — En la comisaría

1 Ponga el infinitivo en la forma correcta del pretérito pluscuamperfecto

Cuando pude comprarlo, ya lo *(vender)* habían vendido.

1. Llevé el reloj al relojero porque se *(parar)* _____.
2. Cuando llegamos a la estación, el tren *(salir)* _____.
3. Cenamos en un restaurante que nos *(recomendar)* _____.
4. Hasta que me lo explicaste, no lo *(comprender)* _____.
5. Al llegar a casa, el niño *(dormirse)* _____.
6. Cuando le llevaron al hospital, ya *(morir)* _____.
7. Cuando te fuiste, nosotros ya *(volver)* _____.
8. Cuando conocimos a tu hermano, ya *(casarse)* _____.

2 Una las oraciones mediante la conjunción "cuando", según el modelo

Te llamé por teléfono. Tú ya te habías marchado.
–Cuando te llamé por teléfono, tú ya te habías marchado.

1. Salimos de casa. Aún no había empezado a llover. _____
2. Puse la televisión. Ya había terminado el reportaje. _____
3. Dieron las 12 de la noche. Ya habían vuelto a casa. _____
4. Se murió su padre. Ella ya había cumplido los 3 años. _____
5. Quise alquilar la habitación. Ya la habían alquilado. _____
6. Llegamos al teatro. Ya había empezado la representación. _____
7. Luis me dijo la noticia. Yo ya la había leído en el periódico. _____
8. La obra tuvo éxito. Su autor ya se había muerto. _____

3 Diga lo contrario, según el modelo

¿Hace mal tiempo?   –No, hace buen tiempo.

1. ¿Te encuentras bien? _____
2. ¿Huele mal ese queso? _____
3. ¿Tiene su jefe buen humor? _____
4. ¿Son buenas tus notas? _____
5. ¿Está mala la sopa? _____
6. ¿Os hizo buen día? _____
7. ¿Está el artículo mal escrito? _____
8. ¿Es buena esta novela? _____

4 Conteste la pregunta, según el modelo

16 ¿Cómo vas a la oficina?/*Metro.*   –*Voy en metro.*

1. ¿Cómo hay que escribir el currículum?/*Máquina.* _____
2. ¿Dónde pasáis el fin de semana?/*Campo.* _____
3. ¿Cómo habla Pepe siempre?/*Broma.* _____
4. ¿Adónde vais esta tarde?/*Casa de María.* _____
5. ¿Cuándo llueve mucho en esta región?/*Primavera.* _____
6. ¿Cómo va usted a la universidad?/*Pie.* _____
7. ¿A qué día estamos hoy?/*Jueves.* _____
8. ¿Cómo estuvisteis en la conferencia?/*Pie.* _____

5 Conteste la pregunta, según el modelo

17 ¿Sabes que mañana viene Pedro?   –*Sí, lo sé.*

1. ¿Es usted extranjero? _____
2. ¿Habéis oído que mañana no hay clase? _____
3. ¿Comprenden ustedes ahora por qué digo esto? _____
4. ¿Estáis contentos con vuestra profesora? _____
5. ¿Sabe tu madre que estás aquí? _____
6. ¿Espera usted encontrar pronto trabajo? _____
7. ¿Estabas ya dormido cuando sonó el teléfono? _____
8. ¿Creéis que es posible solucionar este asunto? _____

6 Emplee el artículo neutro "lo" más un adjetivo, según el modelo

18 Me gustan las cosas saladas.   –*Me gusta lo salado.*

1. Nos gustan las cosas fáciles. _____
2. Os gustan las cosas complicadas. _____
3. No me gustan las cosas secretas. _____
4. Me gustan las cosas frías. _____
5. No les gustan las cosas dulces. _____
6. Te gustan las cosas inesperadas. _____
7. Me gustan las cosas calientes. _____
8. No te gustan las cosas difíciles. _____

Nivel elemental

Lección 20 — Una vuelta por la ciudad

1 Utilice el perfecto, el indefinido y el imperfecto, según el modelo

Trabajo 8 horas./Hoy./Ayer./Todos los días.
–Hoy he trabajado 8 horas./–Ayer trabajé 8 horas./–Todos los días trabajaba 8 horas.

1. Me levanto muy temprano./*Hoy.* _____
2. Llueve mucho./*Ayer.* _____
3. Ellos juegan al tenis./*Todos los domingos.* _____
4. Estamos estudiando para el examen./*Esta tarde.* _____
5. Él sale de casa a las 8./*Todas las mañanas.* _____
6. Hacemos un viaje por Europa./*El año pasado.* _____
7. Ella va a pie a la oficina./*Todos los días.* _____
8. Hace mucho frío./*Ayer.* _____

2 Utilice la conjunción "cuando", según el modelo

Llegamos a Madrid. Ya había anochecido.
–Cuando llegamos a Madrid, ya había anochecido.

1. Me estaba duchando. Sonó el teléfono. _____
2. Salimos de casa. Ya no llovía. _____
3. Te llamé por teléfono. Tú ya te habías ido. _____
4. Vivíamos en el pueblo. No teníamos problemas. _____
5. Terminó el concierto. Ellos se fueron a casa. _____
6. Murió su padre. Él sólo tenía dos años. _____
7. Estuve en Madrid. Me hizo muy buen tiempo. _____
8. Llegó la policía. Los ladrones ya habían huido. _____

3 Sustituya una de las dos frases por un infinitivo, según el modelo

Leemos el texto y después lo comentamos.   –Después de leer el texto, lo comentamos.

1. Cuando llegamos a Roma, empezó a llover. _____
2. Comimos y después visitamos la ciudad. _____
3. Estuve en tu casa y después fui al cine. _____
4. Salgo de viaje, pero antes reservo el hotel. _____
5. Estudiamos inglés y después fuimos a Inglaterra. _____
6. Cuando terminó la representación, el público aplaudió mucho. _____
7. Primero me ducho y después desayuno. _____
8. Vivieron juntos diez años y después se casaron. _____

4 Diga la acción contraria, según el modelo

Mi país exporta fruta al extranjero. –Mi país importa fruta del extranjero.

1. Ha empezado a nevar. _____
2. Ellos se subieron al autobús. _____
3. Ella metió los papeles en el bolso. _____
4. ¿Vas a casa de Pedro? _____
5. Él se sentó en el sofá. _____
6. El público salió de la sala. _____
7. María se bajó del coche. _____
8. Antonio descolgó el teléfono. _____

5 Utilice el tiempo de pretérito correcto, según el modelo

Hoy, cuando *(venir)* venía a casa, me encontré a tu hermano.

1. Ayer, cuando *(venir)* _____ a casa, me encontré a tu hermano.
2. Ayer, cuando *(venir)* _____ a casa, no había nadie.
3. Hoy, mientras *(esperar)* _____ el autobús, han pasado muchos taxis libres.
4. Ayer, mientras *(esperar)* _____ el autobús, pasaron muchos taxis libres.
5. Cuando *(vivir)* _____ en Toledo, *(comer)* _____ en este restaurante.
6. Ayer, cuando *(ir)* _____ al hospital, *(llevar)* _____ unas flores a Luisa.
7. Hoy, cuando *(ir)* _____ al hospital, *(llevar)* _____ unas flores a Luisa.
8. Siempre que *(ir)* _____ al hospital, *(llevar)* _____ unas flores a Luisa.

6 Emplee "ser" o "estar", según el modelo

***Es* extraño, pero *soy* autodidacta.**

1. _____ extraño, pero _____ cansado.
2. _____ imposible que tú _____ casado.
3. _____ imposible que tú _____ español.
4. _____ importante que tú _____ atento en clase.
5. _____ importante que tú _____ tan estudioso.
6. _____ necesario que (nosotros) _____ puntuales.
7. _____ necesario que (nosotros) _____ preparados.
8. _____ raro que (vosotros) _____ tristes.

Nivel elemental

Lección 21 — La nueva casa

1 Transforme los siguientes presentes en futuros de indicativo, según el modelo

Preferimos ir al cine. — *Preferiremos ir al cine.*

1. Mañana partimos de vacaciones. _____
2. Te prohíbo hablar en clase. _____
3. Sirio luce más que la estrella polar. _____
4. Nuestros amigos adquieren un coche nuevo. _____
5. Ese aparato no sirve para nada. _____
6. Te pido un cigarrillo. _____
7. La profesora viste con elegancia. _____
8. Los niños ríen con los payasos. _____

2 Forme el futuro, según el modelo

El curso empieza en enero. — *El curso empezará en enero.*

1. Este fin de semana nos quedamos en casa. _____
2. Esta noche voy al casino. _____
3. La conferencia es mañana a las 7.00 h. _____
4. Mañana nos traen los muebles. _____
5. El mes próximo te devuelvo el dinero. _____
6. Esta semana estamos muy ocupados. _____
7. Pasado mañana repiten el experimento. _____
8. La exposición sigue abierta hasta el sábado próximo. _____

3 Utilice el futuro imperfecto, según el modelo

¿Cuándo puedes visitarnos? — *¿Cuándo podrás visitarnos?*

1. ¿Cuándo viene Pedro? _____
2. ¿Cuánto vale este coche? _____
3. ¿Quién quiere participar? _____
4. ¿A qué hora sale el tren? _____
5. ¿Qué hacéis mañana? _____
6. ¿Cuándo hay rebajas? _____
7. ¿Quién me dice la verdad? _____
8. ¿Cuántas personas caben en esta sala? _____

4 Escriba la forma correcta del futuro imperfecto de indicativo, según el modelo

El miércoles *(visitar –nosotros–)* **visitaremos** **el Palacio Real.**

1. Mi hija *(ir)* _____ a Londres el verano próximo.
2. El equipo nacional no *(jugar)* _____ en este terreno tan malo.
3. El próximo trimestre, los alumnos *(leer)* _____ *El Quijote*.
4. Mis primos nos *(llamar)* _____ por teléfono para avisarnos.
5. *(Oír –nosotros–)* _____ el partido por la radio.
6. El tren *(llegar)* _____ con diez minutos de retraso.
7. En verano *(pintar –nosotros–)* _____ las paredes de blanco.
8. El examen final *(ser)* _____ muy fácil.

5 Conteste la pregunta, según el modelo

¿Por qué es famosa esta región?/*Sus vinos.*
–Esta región es famosa por sus vinos.

1. ¿Para quién es este paquete?/*Luis.* _____
2. ¿Para cuándo hay que hacer la traducción?/*El lunes próximo.* _____
3. ¿Por dónde se va a la estación?/*Este camino.* _____
4. ¿Para quién trabaja María?/*Su familia.* _____
5. ¿Por cuánto tiempo te marchas al extranjero?/*Un año.* _____
6. ¿Para qué fuisteis a París?/*Solucionar unos asuntos.* _____
7. ¿Por cuánto habéis alquilado el apartamento?/*910 €.* _____
8. ¿Por quién ha sabido usted la noticia?/*Antonio.* _____

6 Utilice "para" o "por", según el modelo

Esta carta es *para* usted.

1. El autobús pasa _____ Barcelona.
2. Mande el paquete _____ avión.
3. Me estoy preparando _____ el examen.
4. Mañana salimos _____ Roma.
5. Él ha viajado _____ toda Europa.
6. Ellos luchan _____ la libertad.
7. Hagan una redacción _____ mañana.
8. Me vendió su bicicleta _____ 59 €.

Nivel elemental

Lección 22 — Un viaje

1 Utilice el futuro imperfecto, según el modelo

Mi profesora tiene 30 años.   –Mi profesora tendrá 30 años.

1. En esta sala caben 50 personas. _____
2. Son ya las 9. _____
3. José está aún en la oficina. _____
4. ¿Qué hay en este paquete? _____
5. Esta habitación mide aproximadamente 20 m². _____
6. ¿Cuánto vale un viaje por el Mediterráneo? _____
7. Seguramente usted quiere descansar ahora un poco. _____
8. ¿Hay huelga de autobuses mañana? _____

2 Transforme los siguientes presentes en futuros de indicativo, según el modelo

Tengo que ir al médico.   –Tendré que ir al médico.

1. No puedo ir a visitarte. _____
2. ¿Qué pone en aquel cartel? _____
3. Salgo de casa a las ocho. _____
4. Tienes que estudiar más. _____
5. ¿Cuánto vale ese automóvil? _____
6. ¿Cuándo vienes a visitarme? _____
7. ¿Cuándo me dices la verdad? _____
8. ¿Cuándo haces los deberes? _____

3 Escriba la forma correcta del futuro imperfecto de indicativo, según el modelo

(Oír –nosotros–) **Oiremos** el partido por la radio.

1. Creo que el mueble no *(caber)* _____ en el ascensor.
2. Después nos *(decir –vosotras–)* _____ lo que pasó ayer.
3. En verano, *(haber)* _____ mucha gente en la playa.
4. La semana próxima *(hacer –vosotras–)* _____ una excursión.
5. Mañana no *(poder –yo–)* _____ ir de compras con vosotros.
6. *(Poner –nosotros–)* _____ estos cuadros en aquella pared.
7. Los niños *(querer)* _____ ver la película otra vez.
8. Estos cuadros *(valer)* _____ una fortuna dentro de unos años.

4 Utilice el futuro perfecto, según el modelo

34 ¿Quién ha abierto la puerta? –¿Quién habrá abierto la puerta?
1. ¿Quién ha roto la ventana? _____
2. ¿Por dónde han entrado los ladrones? _____
3. ¿Qué le ha dicho Luis a su novia? _____
4. ¿Quién ha sido el ladrón? _____
5. ¿Ha descubierto la policía al asesino? _____
6. ¿Dónde he puesto mis gafas? _____
7. ¿Por qué no me ha llamado Pilar? _____
8. ¿Ha salido Carlos ya de la oficina? _____

5 Exprese la probabilidad utilizando el futuro imperfecto o el futuro perfecto, según los modelos

35 Pedro está ahora en casa. –Pedro estará ahora en casa.
Ellos han terminado ya el trabajo. –Ellos habrán terminado ya el trabajo.
1. El coche le ha costado mucho dinero. _____
2. Como unas cinco veces al día. _____
3. Ella tiene aproximadamente 20 años. _____
4. Seguramente Luis ha olvidado la cita. _____
5. Hay aproximadamente 100 personas en la sala. _____
6. Posiblemente ellos han tenido una avería. _____
7. El Sr. López ha llegado esta noche de viaje. _____
8. Ya es muy tarde para ir al restaurante. _____

6 Forme el adverbio, según el modelo

36 El conferenciante habla con claridad. –El conferenciante habla claramente.
1. El alumno contestó con rapidez. _____
2. Trabajamos sólo por las mañanas. _____
3. Pregunté de nuevo por la dirección. _____
4. ¡Escucha con paciencia! _____
5. Usted habla español a la perfección. _____
6. ¡Llámele con urgencia! _____
7. En España se cena por lo general a las 10. _____
8. El detective actuó con inteligencia. _____

Nivel elemental

Lección 23 — Juan escribe a su amigo Ricardo

1 Utilice el presente de subjuntivo, según el modelo

¿Nevará el próximo fin de semana?/*Quizá.* —Quizá nieve el próximo fin de semana.

1. ¿Llegará Pilar a tiempo?/*Quizá.* _____
2. ¿Aprobará mi hijo el examen?/*Ojalá.* _____
3. ¿Será interesante el congreso?/*Quizá.* _____
4. ¿Aceptará el director nuestro proyecto?/*Ojalá.* _____
5. ¿Estará aún abierto Correos?/*Quizá.* _____
6. ¿Veremos nuestros deseos cumplidos?/*Ojalá.* _____
7. ¿Prohibirá el gobierno la manifestación?/*Quizá.* _____
8. ¿Subirán los precios?/*Quizá.* _____

2 Utilice el subjuntivo, según el modelo

Te aconsejo./*Tener paciencia.* —Te aconsejo que tengas paciencia.

1. Os recomiendo./*Hacer un viaje a Galicia.* _____
2. Le prohíbo a usted./*Venir tan tarde.* _____
3. Dile a Juan./*Devolver el libro.* _____
4. Mi madre me manda./*Poner la mesa.* _____
5. Le exigimos./*Decir la verdad.* _____
6. Os deseo./*Tener suerte.* _____
7. Te pido./*Defender mi proyecto.* _____
8. Les ruego a ustedes./*No perder los nervios.* _____

3 Conteste la pregunta, según el modelo

¿Resolverá él el problema?/*Es incierto.* —Es incierto que él resuelva el problema.

1. ¿Repetirán ellos el experimento?/*Es interesante.* _____
2. ¿Contarán ustedes con su apoyo?/*Es conveniente.* _____
3. ¿Querrá él ayudarnos?/*Es probable.* _____
4. ¿Advertirán ellos el peligro?/*Es necesario.* _____
5. ¿Lloverá mañana?/*Es posible.* _____
6. ¿Demostrará ella su inocencia?/*Es importante.* _____
7. ¿Atenderán ellos nuestro ruego?/*No es seguro.* _____
8. ¿Nos volveremos a ver pronto?/*Es posible.* _____

4 Utilice el relativo, según el modelo

40 Busco una secretaria. Debe manejar bien el ordenador.
–*Busco una secretaria que maneje bien el ordenador.*

1. Quiero un bolso. Debe ir con estos zapatos. _____
2. Ella busca una habitación. Debe estar cerca de la universidad. _____
3. Esta empresa necesita dos personas. Deben saber conducir. _____
4. Buscan una casa. Debe tener cuatro habitaciones. _____
5. Recomiéndeme un hotel. No debe ser muy caro. _____
6. Él quiere casarse con una mujer. Debe ser cariñosa. _____
7. Deseo descansar en una playa. No debe tener muchos turistas. _____
8. Busco a alguien. Debe comprenderme. _____

5 Sustituya "tener que + infinitivo" por "es necesario que + presente de subjuntivo", según el modelo

41 Tienen que acentuar el ejercicio.   –*Es necesario que acentúen el ejercicio.*

1. Tengo que estudiar más. _____
2. Tienes que enfriar el vino. _____
3. Tiene que pronunciar mejor. _____
4. Tenemos que divorciarnos. _____
5. Tenéis que ampliar la casa. _____
6. Tienen que copiar el ejercicio. _____
7. Tengo que averiguar la verdad. _____
8. Tenemos que evacuar la ciudad. _____

6 Sustituya "deber + infinitivo" por "es necesario que + presente de subjuntivo", según el modelo

42 Deben volcar ese jarrón.   –*Es necesario que vuelquen ese jarrón.*

1. Debo apretar el tornillo. _____
2. Debes almorzar temprano. _____
3. Debe calentar la leche. _____
4. Debemos comprobar los hechos. _____
5. Debéis empezar a las seis. _____
6. Deben mostrar el camino. _____
7. Debo segar la hierba. _____
8. Debe renovar el carné. _____

Nivel elemental

SOLUCIONES

Lección 1

EJERCICIO 1
1. Sí, soy piloto.
2. Sí, es azafata.
3. Sí, somos estudiantes.
4. Sí, es profesor.
5. Sí, son abogados.
6. Sí, es ingeniera.
7. Sí, somos camareras.
8. Sí, es médico.

EJERCICIO 2
1. María es azafata.
2. Soy estudiante.
3. Soy profesor.
4. Felipe y Manuel son abogados.
5. Somos médicos.
6. Ellas son camareras.
7. Somos enfermeras.
8. José es piloto.

EJERCICIO 3
1. Sí, es ingeniera.
2. No, no soy peluquera.
3. Sí, soy piloto.
4. No, no es arquitecto.
5. Sí, son abogados.
6. No, no son camareras.
7. Sí, somos estudiantes.
8. Sí, es profesor.

EJERCICIO 4
1. No, no soy el Sr. López, soy el Sr. Pérez.
2. No, no es azafata, es peluquera.
3. No, no soy médico, soy estudiante.
4. No, no es abogado, es piloto.
5. No, no son estudiantes, son abogados.
6. No, no son azafatas, son camareras.
7. No, no somos profesores, somos estudiantes.
8. No, no soy piloto, soy médico.

EJERCICIO 5
1. Nosotros somos profesores.
2. Ellos son arquitectos.
3. Ustedes son médicos.
4. Vosotras sois azafatas.
5. Ellas son enfermeras.
6. Vosotros sois ingenieros.
7. Ellos son pilotos.
8. Nosotros somos estudiantes.

EJERCICIO 6
1. Usted es abogado.
2. Ustedes son camareras.
3. Ustedes son arquitectos.
4. Usted es peluquera.
5. Usted es ingeniero.
6. Ustedes son azafatas.
7. Usted es profesor.
8. Ustedes son enfermeras.

Lección 2

EJERCICIO 1
1. Tú eres amable.
2. Susana es alta.
3. Ángela es simpática.
4. Vosotras sois alemanas.
5. La casa es pequeña.
6. Mi amigo es español.
7. Nosotros somos fuertes.
8. Los cigarrillos son malos.

EJERCICIO 2
1. Él es alto.
2. Los estudiantes son simpáticos.
3. Sois alemanes.
4. Yo soy francesa.
5. Los coches son caros.
6. Mi amigo es español.
7. Eres gordo.
8. Los camareros son amables.

EJERCICIO 3
1. No, el hotel no es barato, es caro.
2. No, los camareros no son antipáticos, son simpáticos.
3. No, Luisa no es alta, es baja.
4. No, la comida no es mala, es buena.
5. No, el vino no es caro, es barato.
6. No, los hoteles no son grandes, son pequeños.
7. No, la niña no es baja, es alta.
8. No, Carmen no es morena, es rubia.

EJERCICIO 4
1. Lucia es italiana.
2. Susan es inglesa.
3. Jean es francés.
4. Vosotros sois japoneses.
5. El profesor es español.
6. Petra es austriaca.
7. Johan y Ronald son holandeses.
8. Sandrine es suiza.

EJERCICIO 5

EJERCICIO 6

caro ↔ barato
bajo ↔ alto
simpático ↔ antipático
grande ↔ pequeño
bueno ↔ malo
moreno ↔ rubio
gordo ↔ delgado
rico ↔ pobre

Lección 3

EJERCICIO 1

1. El avión es rápido.
2. La fábrica es grande.
3. Los bares son pequeños.
4. Los hoteles son caros.
5. Los señores son amables.
6. El autobús es lento.
7. Los directores son simpáticos.
8. Las plazas son grandes.

EJERCICIO 2

1. Estos niños son simpáticos.
2. Aquellas niñas son altas.
3. Ese estudiante es francés.
4. Aquel edificio es moderno.
5. Esas torres son góticas.
6. Aquella señora es turista.
7. Esos libros son interesantes.
8. Esas ciudades son ricas.

EJERCICIO 3

1. Esa señora es simpática.
2. Estos libros son interesantes.
3. Aquel señor es el profesor.
4. Esa niña es mi hija.
5. Eso es un museo.
6. Aquello es una fábrica.
7. Esos señores son de Holanda.
8. Aquellas torres son románicas.

EJERCICIO 4

1. ¿Cómo son aquellos edificios?
2. ¿Cómo es ese libro?
3. ¿Qué es aquel señor?
4. ¿De dónde son estos turistas?
5. ¿Cómo son esas torres?
6. ¿Cómo es esta fábrica?
7. ¿Qué es esto?
8. ¿Cómo es esta ciudad?

EJERCICIO 5

1. Esa plaza es bonita.
2. Aquella fábrica es una fábrica textil.
3. Este edificio es el museo.
4. Aquellas torres son románicas.
5. Esa ciudad es rica.
6. Aquel hotel es barato.
7. Esa cafetería es cara.
8. Este coche es rápido.

EJERCICIO 6

Lección 4

EJERCICIO 1

1. Las puertas están abiertas.
2. Estamos cansados.
3. Mis amigos están resfriados.
4. Las habitaciones están a la derecha.
5. Mis hermanas están en casa.
6. Estáis cómodos.
7. Mis hijos están en la cama.
8. Los coches están dentro del garaje.

EJERCICIO 2

1. Estamos en el jardín.
2. El libro está sobre la mesa.
3. José está enfermo.
4. Estoy en forma.
5. Estoy bien, gracias.
6. El coche está dentro del garaje.
7. Estamos cansados.
8. Pedro está en casa.

Nivel elemental

EJERCICIO 3

1. La mesa está limpia.
2. La mesa es metálica.
3. La puerta está cerrada.
4. La botella está vacía.
5. Ángela es ingeniera.
6. Mi hermano está resfriado.
7. El gato está debajo de la mesa.
8. La habitación es agradable.

EJERCICIO 4

1. Las puertas están abiertas.
2. Las mesas están limpias.
3. Las botellas están llenas.
4. Las ventanas son pequeñas.
5. Los estudiantes son antipáticos.
6. Los edificios son antiguos.
7. Las sillas están ocupadas.
8. Los coches son grandes.

EJERCICIO 5

1. Esta cafetería está limpia.
2. Esa mesa es metálica.
3. Aquella puerta está cerrada.
4. Esta botella está vacía.
5. Aquella ventana es pequeña.
6. Esta plaza es grande.
7. Aquel coche es rápido.
8. Esa habitación es agradable.

EJERCICIO 6

moderno	↔	antiguo
enfermo	↔	sano
ordenado	↔	desordenado
cerrado	↔	abierto
nuevo	↔	viejo
nervioso	↔	tranquilo
ocupado	↔	libre
cómodo	↔	incómodo

Lección 5

EJERCICIO 1

1. Aquí hay una botella vacía.
2. Ahí hay una fábrica grande.
3. Allí hay un señor simpático.
4. Ahí hay un libro interesante.
5. Allí hay una falda roja.
6. Aquí hay una plaza tranquila.
7. Aquí hay unos zapatos viejos.
8. Ahí hay unas sillas cómodas.

EJERCICIO 2

1. ¿Cómo es aquella fábrica?
2. ¿Cómo está esta botella?
3. ¿Cómo es ese jardín?
4. ¿Cómo es aquel hotel?
5. ¿Cómo está esa puerta?
6. ¿Cómo es esta habitación?
7. ¿Cómo está aquel banco?
8. ¿Cómo está ese turista?

EJERCICIO 3

1. Vuestra casa es grande.
2. Nuestro coche es nuevo.
3. Su falda es roja.
4. Tu camisa es azul.
5. Su perro es negro.
6. Su corbata es amarilla.
7. Mis zapatos son grises.
8. Su hijo es muy simpático.

EJERCICIO 4

1. Mis padres están bien.
2. Su hermano está enfermo.
3. Mis niños están cansados.
4. Su abuelo está enfermo.
5. Sus suegros están mejor.
6. Sus abuelos están fuertes.
7. Mi tío está soltero.
8. Su novia está cansada.

EJERCICIO 5

1. Mi falda es roja.
2. Tus pantalones son azules.
3. Su paraguas es marrón.
4. Su hijo es muy simpático.
5. Nuestra casa es agradable.
6. Vuestros libros son interesantes.
7. Su gato es negro.
8. Su familia es muy grande.

EJERCICIO 6

Mi sobrino es el hijo de mi hermano.
Tu suegra es la madre de tu mujer.
Mis abuelos son los padres de mis padres.
Sus nietos son los hijos de sus hijos.
Mi suegro es el padre de mi marido.
Tu tío es el hermano de tu madre.
Mi nuera es la esposa de mi hijo.
Tu tía es la hermana de tu padre.
Mi cuñado es el hermano de mi mujer.
Tu yerno es el marido de tu hija.

Lección 6

EJERCICIO 1

1. En invierno hace mucho frío.
2. La temperatura es muy agradable.
3. Se levanta muy temprano.

4. En septiembre llueve mucho.
5. Hace un día muy desagradable.
6. En invierno nieva mucho.
7. Hoy hace mucho viento.
8. Las noches son muy frías.

EJERCICIO 2
1. Cuatro.
2. Siete.
3. Diez.
4. Dieciséis.
5. Veintiuno.
6. Setenta y dos.
7. Ochenta y uno.
8. Ciento uno.

EJERCICIO 3
1. Ocho
2. Nueve.
3. Dieciséis.
4. Veintiuno.
5. Veinticinco.
6. Setenta.
7. Cincuenta y seis.
8. Ochenta y uno.

EJERCICIO 4
1. En invierno hace frío.
2. La temperatura es desagradable.
3. Se levanta tarde.
4. Las tardes son calurosas.
5. Hoy hace buen tiempo.
6. Es tarde.
7. Aquí llueve poco.
8. Este clima es seco.

EJERCICIO 5
1. ¡Qué frío tengo!
2. ¡Qué hambre tenemos!
3. ¡Qué sueño tienes!
4. ¡Qué sed tengo!
5. ¡Qué prisa tiene!
6. ¡Qué suerte tenemos!
7. ¡Qué apetito tiene!
8. ¡Qué razón tienes!

EJERCICIO 6
1. ¡Qué viento hace!
2. ¡Qué frío hace esta noche!
3. ¡Qué buen tiempo hace!
4. ¡Qué mal tiempo hace!
5. ¡Qué fresco hace esta tarde!
6. ¡Qué sol hace hoy!
7. ¡Qué bueno hace hoy!
8. ¡Qué malo hace hoy!

Lección 7

EJERCICIO 1
1. Llamo.
2. Cantas.
3. Toma.
4. Fuma.
5. Entramos.
6. Esperáis.
7. Trabajan.
8. Hablan.

EJERCICIO 2
1. Cierran.
2. Despertamos.
3. Gobierna.
4. Empieza.
5. Cuentas.
6. Vuela.
7. Acuesta.
8. Acuerdo.

EJERCICIO 3
1. Ayudo en casa.
2. Contestas al profesor.
3. El profesor explica la lección.
4. Usted fuma poco.
5. Hablamos con los amigos.
6. Practicáis los verbos.
7. Ellas preguntan una duda.
8. Ustedes estudian por la noche.

EJERCICIO 4
1. Escucho la radio.
2. Escucho al profesor.
3. Saludo a mi hermano.
4. Estudiamos español.
5. Practicamos los verbos.
6. Fumo un cigarro.
7. Preguntan al señor García.
8. Tomamos café.

EJERCICIO 5
1. Nosotros lo colgamos.
2. Susana lo corta.
3. El profesor la explica.
4. Usted las contesta.
5. Petra la calienta.
6. Los padres lo acuestan.
7. Ellas los cuelgan.
8. Él los compra.

EJERCICIO 6
1. Sí, la escuchamos.
2. Sí, la alquilamos.

Nivel elemental

3. Sí, lo saludo.
4. Sí, lo colgamos.
5. Sí, lo tocamos.
6. Sí, las pintan.
7. Sí, las cierro.
8. Sí, la caliento.

Lección 8

EJERCICIO 1

1. Como.
2. Debes.
3. Comprende.
4. Esconde.
5. Prometemos.
6. Corréis.
7. Comen.
8. Leen.

EJERCICIO 2

1. Entiendo.
2. Defiendes.
3. Tendemos.
4. Pierde.
5. Devuelve.
6. Envuelve.
7. Huele.
8. Podemos.

EJERCICIO 3

1. Hago los ejercicios.
2. Comes en un restaurante.
3. Ella comprende la lección.
4. Usted resuelve los problemas.
5. Vemos la televisión.
6. Sabéis la respuesta.
7. Ustedes tienen prisa.
8. Ellos ponen la mesa.

EJERCICIO 4

1. Vuelvo a casa.
2. Quieres aprender.
3. Él enciende el televisor.
4. Usted pierde el tiempo.
5. Entendemos la pregunta.
6. Tendéis la ropa.
7. Ellas defienden sus ideas.
8. Ustedes devuelven el paquete.

EJERCICIO 5

1. Se lo doy.
2. Petra se los regala.
3. El camarero se la trae.
4. El vendedor se lo envuelve.
5. La portera se lo entrega.
6. El profesor se los da.
7. Se lo hacemos.
8. Se las enseño.

EJERCICIO 6

1. Sí, se lo presto.
2. Sí, os lo damos.
3. Sí, se lo leemos.
4. Sí, te las traigo.
5. Sí, se lo envuelvo.
6. Sí, os la damos.
7. Sí, se lo traemos.
8. Sí, os lo devolvemos.

Lección 9

EJERCICIO 1

1. Escribo.
2. Abres.
3. Parte.
4. Vive.
5. Recibimos.
6. Subís.
7. Salen.
8. Viven.

EJERCICIO 2

1. Corrige.
2. Pide.
3. Sirve.
4. Mienten.
5. Prefieren.
6. Siento.
7. Dormimos.
8. Divierten.

EJERCICIO 3

1. Yo salgo pronto de casa.
2. Tú oyes la radio.
3. Antonio repite los ejercicios.
4. El arquitecto mide la casa.
5. Nosotros preferimos un café.
6. Vosotros sentís calor.
7. Ustedes duermen la siesta.
8. Mis amigos viven en Madrid.

EJERCICIO 4

1. Luis también se ducha por la mañana.
2. Nosotros también nos acostamos pronto.
3. Vosotras también os peináis solas.
4. Nosotros también nos vestimos después de ducharnos.
5. Ustedes también se bañan en la piscina.
6. Tú también te despiertas a las siete.
7. Yo también me lavo la cara.
8. El profesor también se levanta temprano.

EJERCICIO 5
1. María se lo corta.
2. Nosotros nos la lavamos.
3. Ustedes se lo quitan.
4. Nosotros nos los ponemos.
5. El niño se las seca.
6. El camarero se la mancha.
7. Mi amiga se los pinta.
8. Luisa se los quita.

EJERCICIO 6
1. Sí, me gustan los perros.
2. No, no me gusta la televisión.
3. Sí, nos duelen los ojos.
4. No, no nos duele la cabeza.
5. Sí, nos gusta levantarnos temprano.
6. Sí, me gusta estudiar.
7. Sí, nos duelen los pies.
8. Sí, nos gusta comer.

Lección 10

EJERCICIO 1
1. Traduce.
2. Crecen.
3. Conozco.
4. Conducen.
5. Obedezco.
6. Ofrecen.
7. Agradezco.
8. Parece.

EJERCICIO 2
1. Conduzco.
2. Deduzco.
3. Introduce.
4. Luce.
5. Reduce.
6. Traduzco.
7. Producen.
8. Produce.

EJERCICIO 3
1. Estoy esperando carta de un amigo.
2. Estás aprendiendo español.
3. Usted está fumando demasiado.
4. Él está durmiendo en un hotel.
5. Estamos viviendo en el *camping*.
6. Os estáis lavando las manos.
7. Ellas están oyendo la radio.
8. Ustedes están leyendo la revista.

EJERCICIO 4
1. Estoy tomándolo.
2. Estás escribiéndola.
3. Ella está fumándolo.
4. Usted está preparándola.
5. Estamos leyéndolo.
6. Ellas están durmiéndola.
7. Estáis diciéndola.
8. Los alumnos están corrigiéndolas.

EJERCICIO 5
1. Sí, estamos repasándola.
2. Sí, estoy haciéndolo.
3. No, no está afeitándose.
4. Sí, estoy poniéndomelo.
5. Sí, están saludándolas.
6. No, no estoy lavándomelos.
7. No, no estamos aburriéndonos.
8. Sí, estoy dictándosela.

EJERCICIO 6
1. Sí, es la mía.
2. Sí, es el nuestro.
3. Sí, son los míos.
4. Sí, son los suyos.
5. Sí, es la mía.
6. Sí, son los suyos.
7. Sí, es el mío.
8. Sí, son las suyas.

Lección 11

EJERCICIO 1
1. El fin de semana voy a visitar a unos amigos.
2. Mañana voy a ir a clase.
3. Esta noche vamos a quedarnos en casa.
4. Ahora vais a repetir el ejercicio.
5. Luego vas a descansar.
6. Después de clase voy a ir a la playa.
7. Después de ducharme voy a vestirme.
8. Después de comer vamos a lavarnos los dientes.

EJERCICIO 2
1. El fin de semana quiero visitar a unos amigos.
2. Mañana quiero ir a clase.
3. Esta noche queremos quedarnos en casa.
4. Ahora queréis repetir el ejercicio.
5. Luego quieres descansar.
6. Después de clase quiero ir a la playa.
7. Después de ducharme quiero vestirme.
8. Después de comer queremos lavarnos los dientes.

EJERCICIO 3
1. Sí, puedo decírsela.
2. Sí, debemos escribírsela.
3. Sí, prefiero repasarla.
4. Si, quiero prestártelo.
5. Sí, puedo repetírselo.

6. Sí, pensamos confesársela.
7. Sí, puedo cortárselo.
8. Sí, puedo quitártelas.

EJERCICIO 4
1. No, no la voy a cerrar.
2. No, no lo voy a tomar.
3. No, no la voy a escribir.
4. No, no se la voy a decir.
5. No, no se lo voy a hacer.
6. No, no la voy a cantar.
7. No, no lo voy a repetir.
8. No, no la voy a abrir.

EJERCICIO 5
1. No, no queda ninguna.
2. No, no tengo ninguna.
3. No, no hay ninguno.
4. No, no lo sabe nadie.
5. No, no quiero nada.
6. No, no puedo dejarte ninguno.
7. No, no tengo ningunas.
8. No, no hay ninguna.

EJERCICIO 6
1. Nunca me canso.
2. A nadie saluda.
3. Nada vemos.
4. Nada puedes hacer.
5. Nunca llegáis a tiempo.
6. Nadie está atendiendo.
7. Nada me dejan hacer.
8. Nunca repetimos el ejercicio.

Lección 12

EJERCICIO 1
1. ¡Llama por teléfono!
2. ¡Canta un tango!
3. ¡Tomad café!
4. ¡Entrad en clase!
5. ¡Espera el autobús!
6. ¡Trabajad mucho!
7. ¡Paga la cuenta!
8. ¡Pegad el sello!

EJERCICIO 2
1. ¡No llames por teléfono!
2. ¡No cantes un tango!
3. ¡No toméis café!
4. ¡No entréis en clase!
5. ¡No esperes el autobús!
6. ¡No trabajéis mucho!
7. ¡No pagues la cuenta!
8. ¡No peguéis el sello!

EJERCICIO 3
1. ¡Trabaje usted mucho!
2. ¡Ayudad a los demás!
3. ¡Escribe cartas!
4. ¡Lean ustedes la lección!
5. ¡Coged el autobús!
6. ¡Repite los ejercicios!
7. ¡Coma usted pan!
8. ¡Bebed agua!

EJERCICIO 4
1. ¡Dínosla!
2. ¡Quítatelo!
3. ¡Dígamelo!
4. ¡Escríbannosla!
5. ¡Hágamela!
6. ¡Tráemela!
7. ¡Regálamela!
8. ¡Tomáosla!

EJERCICIO 5
1. ¡No te lo quites!
2. ¡No nos la digas!
3. ¡No me lo diga!
4. ¡No nos la escriban!
5. ¡No me la haga!
6. ¡No me la traigas!
7. ¡No me la regales!
8. ¡No os la toméis!

EJERCICIO 6
1. Sí, ¡póntela!
2. No, ¡no me lo compres!
3. Sí, ¡dínosla!
4. Sí, ¡tráemelo!
5. No, ¡no nos la cantes!
6. Sí, ¡comprádnoslos!
7. No, ¡no nos la haga!
8. No, ¡no se la hagas!

Lección 13

EJERCICIO 1
1. ¡Empieza a trabajar!
2. ¡Atraviesa la calle!
3. ¡Cerrad la puerta!
4. ¡Fregad los platos!
5. ¡Aprobad el curso!
6. ¡Comprueba la factura!
7. ¡Prueba este vino!
8. ¡Tostad el pan!

EJERCICIO 2
1. ¡Sí, dímela!
2. ¡Sí, repítenosla!

3. ¡Sí, muéstrenosla!
4. ¡Sí, envuélvamelo!
5. ¡Sí, tráemelo!
6. ¡Sí, dánoslo!
7. ¡Sí, cuélguemelo!
8. ¡Sí, cuéntamela!

EJERCICIO 3
1. ¡Repítela!
2. ¡Pedidla!
3. ¡Enciéndala!
4. ¡Síganlo!
5. ¡Cuélgalo!
6. ¡Ciérrenlos!
7. ¡Envuélvalo!
8. ¡Tiéndela!

EJERCICIO 4
1. Sí, pero ese es mejor. / Y aquel es el mejor de todos.
2. Sí, pero esa es mayor. / Y aquella es la mayor de todas.
3. Sí, pero ese es peor. / Y aquel es el peor de todos.
4. Sí, pero esa es menor. / Y aquella es la menor de todas.
5. Sí, pero esos son más caros. / Y aquellos son los más caros de todos.
6. Sí, pero ese es más antiguo. / Y aquel es el más antiguo de todos.
7. Sí, pero esa es más inteligente. / Y aquella es la más inteligente de todas.
8. Sí, pero esos son más cómodos. / Y aquellos son los más cómodos de todos.

EJERCICIO 5
1. Es carísimo.
2. Es nerviosísima.
3. Es riquísimo.
4. Son fresquísimos.
5. Es complicadísimo.
6. Es interesantísimo.
7. Es simpatiquísima.
8. Son comodísimos.

Lección 14

EJERCICIO 1
1. Tiene que llamar a información.
2. Tienes que comer más fruta.
3. Tienen que tener más paciencia.
4. Tienes que echar esta carta.
5. Tenéis que trabajar más.
6. Tiene que certificar el paquete.
7. Tenéis que leer el periódico.
8. Tienen que reservar las entradas.

EJERCICIO 2
1. Deben trabajar menos.
2. Debéis ser más puntuales.
3. Debes conducir más despacio.
4. Debe tomar más fruta.
5. Deben acostarse más temprano.
6. Debes beber más leche.
7. Debéis tener más paciencia.
8. Debe hacer más deporte.

EJERCICIO 3
1. ¡No bebas alcohol!
2. ¡No retrocedáis ante el peligro!
3. ¡No sorbas la sopa!
4. ¡No desprendáis la garantía!
5. ¡No crezcas más!
6. ¡No desobedezcas!
7. ¡No desaparezcáis!
8. ¡No ofrezcáis nada!

EJERCICIO 4
1. Sí, pero Pedro habla mejor francés. / Y Luis es el que mejor habla francés de todos.
2. Sí, pero el vuestro corre más. / Y el nuestro es el que más corre de todos.
3. Sí, pero ese huele peor. / Y aquel es el que peor huele de todos.
4. Sí, pero José fuma más. / Y vosotros sois los que más fumáis de todos.
5. Sí, pero María trabaja mejor. / Y nosotros somos los que mejor trabajamos de todos.
6. Sí, pero tú tienes menos paciencia. / Y ella es la que menos paciencia tiene de todos.
7. Sí, pero Carlos se levanta más temprano. / Y nosotros somos los que más temprano nos levantamos de todos.
8. Sí, pero yo escribo más deprisa a máquina. / Y Carmen es la que más deprisa escribe a máquina de todos.

EJERCICIO 5
1. Al mediodía.
2. En otoño.
3. Hasta el 4 de mayo.
4. Desde las 8 de la mañana hasta las 2 de la tarde.
5. Después de levantarme.
6. A las 9 en punto.
7. Por la noche.
8. Antes de la comida.

Lección 15

EJERCICIO 1
1. Aceptábamos.
2. Ahorraba.

3. Borraba.
4. Nadaba.
5. Preguntaban.
6. Tomaba.
7. Mojaba.
8. Trataban.

EJERCICIO 2
1. Atrevía.
2. Bebía.
3. Recibíais.
4. Subían.
5. Sufría.
6. Vivían.
7. Unían.
8. Recorríamos.

EJERCICIO 3
1. Trabajaba en Correos.
2. Tenía 10.000 habitantes.
3. Había un parque.
4. Era muy guapa.
5. Íbamos a esquiar a Suiza.
6. Costaba 0,80 euros.
7. Comía a las 12 del mediodía.
8. Teníamos 4 horas.

EJERCICIO 4
1. Antes jugábamos más al tenis.
2. Antes fumaba más puros.
3. Antes hacíais más deporte.
4. Antes tenías más paciencia.
5. Antes vivían más en el pueblo.
6. Antes leía más.
7. Antes me llamaba más por teléfono.
8. Antes salían más de casa.

EJERCICIO 5
1. Ellos viven en una casa que está en el centro de la ciudad.
2. Tengo un amigo francés que está aprendiendo español.
3. En este cine ponen una película que es muy divertida.
4. Tráeme los vasos que están en la cocina.
5. José tiene un perro que muerde a todo el mundo.
6. Conozco un hotel que no es muy caro.
7. Hay muchos problemas que no tienen solución.
8. Usted tiene una secretaria que maneja muy bien el ordenador.

EJERCICIO 6
1. ¡Qué salada está esta sopa!
2. ¡Qué caras son estas naranjas!
3. ¡Qué cansado estoy!
4. ¡Qué mal huele aquí!
5. ¡Qué amargo sabe este café!
6. ¡Qué bien canta María!
7. ¡Qué buena pronunciación tiene usted!
8. ¡Qué deprisa comes!

Lección 16

EJERCICIO 1
1. Trabajé.
2. Hablaste.
3. Robó.
4. Compramos.
5. Ocultasteis.
6. Plantaron.
7. Arregló.
8. Aprobaron.

EJERCICIO 2
1. Corriste.
2. Bebió.
3. Vendió.
4. Temimos.
5. Cumplí.
6. Interrumpisteis.
7. Asistieron.
8. Decidí.

EJERCICIO 3
1. Estuve en casa.
2. Fui a Toledo.
3. Vinieron el jueves pasado.
4. Fue en el aula magna.
5. Hicimos un dictado.
6. Tuve 38 grados.
7. Pusieron una película policíaca.
8. Me dio un telegrama.

EJERCICIO 4
1. Anoche no pude dormir bien.
2. La semana pasada fuimos a bailar.
3. El mes pasado estuvieron de viaje.
4. Ayer no me dijo la verdad.
5. Ayer por la mañana fuisteis muy puntuales.
6. El invierno pasado hizo mucho frío.
7. En el examen de ayer me puse muy nervioso.
8. Ayer por la noche tuvieron muy mala suerte.

EJERCICIO 5
1. La que está cerrada es la del baño.
2. La que lee él es de aventuras.
3. La que lleva sombrero es inglesa.
4. El que está en la mesa es holandés.
5. El que veis al Este es románico.
6. El que va a Sevilla sale a las 8.
7. La que está en el garaje es de mi hermano.
8. Las que tenemos por la tarde son muy aburridas.

EJERCICIO 6
1. ¿De quién es el abrigo marrón?
2. ¿Para quién es este paquete?
3. ¿Cuántos habitantes tiene Madrid?
4. ¿Con quién vive Carmen?
5. ¿A qué jugaron los niños?
6. ¿De qué hablaron ellos?
7. ¿Cuándo vino Carlos?
8. ¿Qué le regaló Antonio?

Lección 17

EJERCICIO 1
1. Leí.
2. Decayó.
3. Royeron.
4. Recayó.
5. Cayeron.
6. Leyó.
7. Creyeron.
8. Cayó.

EJERCICIO 2
1. Supe.
2. Cupo.
3. Tuve.
4. Hice.
5. Rehicimos.
6. Puso.
7. Pudieron.
8. Quisieron.

EJERCICIO 3
1. Sí, me lo puse.
2. Sí, me lo trajo.
3. No, no la supimos.
4. No, no pude arreglarla.
5. Sí, nos la dijo.
6. Sí, los hicimos.
7. No, no se lo di.
8. Sí, las corregimos.

EJERCICIO 4
1. El enfermo durmió mal.
2. El niño no quiso comer.
3. No pudimos ir al cine.
4. La policía nos impidió la entrada.
5. Oí las noticias por la radio.
6. Ellos eligieron nuevo presidente.
7. El camarero nos sirvió un café.
8. Tuvimos una hora libre.

EJERCICIO 5
1. ¿Hasta dónde condujo María?
2. ¿Qué destruyó la bomba?
3. ¿Qué no creyeron ellos?
4. ¿A cuántos excluyeron?
5. ¿Qué oyó él?
6. ¿Qué construyeron los árabes?
7. ¿Con qué contribuyó Juan?
8. ¿A cuántos incluyó el profesor?

EJERCICIO 6
1. Sí, tenemos bastante.
2. No, no comprendo nada.
3. No, no llamó nadie.
4. Sí, queremos otro.
5. Sí, va todos los domingos.
6. No, no tengo ninguna.
7. Sí, hizo mucho frío.
8. Sí, ayer tuvo mucha.

Lección 18

EJERCICIO 1
1. Esta mañana ha ido en autobús a la oficina.
2. Este fin de semana nos hemos quedado en casa.
3. Este año ha nevado mucho en la sierra.
4. Este verano han pasado las vacaciones junto al mar.
5. Este otoño la cosecha de vino ha sido buena.
6. Esta semana he tenido mucho trabajo.
7. Este mediodía habéis comido muy poco.
8. Este mes han estado de viaje.

EJERCICIO 2
1. No, ya las he facturado.
2. No, ya lo hemos dado.
3. No, ya la he preparado.
4. No, ya lo hemos hecho.
5. No, ya le he escrito.
6. No, ya los hemos envuelto.
7. No, ya la he visto.
8. No, ya la hemos reservado.

EJERCICIO 3
1. ¡Ya te la he dicho!
2. ¡Ya los hemos hecho!
3. ¡Ya se la he escrito!
4. ¡Ya lo hemos resuelto!
5. ¡Ya lo he abierto!
6. ¡Ya la hemos visto!
7. ¡Ya lo he puesto!
8. ¡Ya la he roto!

EJERCICIO 4
1. Este año he ido de vacaciones a Italia.
2. Hoy por la mañana he estado en la biblioteca.
3. Esta semana me he comprado este libro.
4. Esta tarde hemos estado en el cine.

Nivel elemental

5. Esta primavera he tenido alergia.
6. Hoy habéis perdido el autobús.
7. Hoy no se han publicado los periódicos.
8. Esta mañana hemos trabajado mucho.

EJERCICIO 5

1. Sí, los billetes ya están reservados.
2. Sí, la compra ya está hecha.
3. Sí, la carta ya está escrita.
4. Sí, el cajón ya está cerrado.
5. Sí, las localidades ya están agotadas.
6. Sí, el prospecto ya está traducido.
7. Sí, todos los problemas ya están resueltos.
8. Sí, las tiendas ya están abiertas.

EJERCICIO 6

1. Han estado viendo la televisión.
2. He estado haciendo una excursión.
3. Hemos estado repasando los verbos.
4. Hemos estado dando un paseo.
5. Ha estado haciendo la cama.
6. He estado estudiando todos los días.
7. He estado visitando a mi familia.
8. He estado durmiendo una siesta.

Lección 19

EJERCICIO 1

1. Había parado.
2. Había salido.
3. Habían recomendado.
4. Había comprendido.
5. Se había dormido.
6. Había muerto.
7. Habíamos vuelto.
8. Se había casado.

EJERCICIO 2

1. Cuando salimos de casa, aún no había empezado a llover.
2. Cuando puse la televisión, ya había terminado el reportaje.
3. Cuando dieron las 12 de la noche, ya habían vuelto a casa.
4. Cuando se murió su padre, ella ya había cumplido los 3 años.
5. Cuando quise alquilar la habitación, ya la habían alquilado.
6. Cuando llegamos al teatro, ya había empezado la representación.
7. Cuando Luis me dijo la noticia, yo ya la había leído en el periódico.
8. Cuando la obra tuvo éxito, su autor ya se había muerto.

EJERCICIO 3

1. No, me encuentro mal.
2. No, huele bien.
3. No, tiene mal humor.
4. No, son malas.
5. No, está buena.
6. No, nos hizo mal día.
7. No, está bien escrito.
8. No, es mala.

EJERCICIO 4

1. Hay que escribirlo a máquina.
2. Lo pasamos en el campo.
3. Habla siempre en broma.
4. Vamos a casa de María.
5. Llueve mucho en primavera.
6. Voy a pie.
7. Estamos a jueves.
8. Estuvimos de pie.

EJERCICIO 5

1. Sí, lo soy.
2. Sí, lo hemos oído.
3. Sí, lo comprendemos.
4. Sí, lo estamos.
5. Sí, lo sabe.
6. Sí, lo espero.
7. Sí, lo estaba.
8. Sí, lo creemos.

EJERCICIO 6

1. Nos gusta lo fácil.
2. Os gusta lo complicado.
3. No me gusta lo secreto.
4. Me gusta lo frío.
5. No les gusta lo dulce.
6. Te gusta lo inesperado.
7. Me gusta lo caliente.
8. No te gusta lo difícil.

Lección 20

EJERCICIO 1

1. Hoy me he levantado muy temprano.
2. Ayer llovió mucho.
3. Todos los domingos ellos jugaban al tenis.
4. Esta tarde hemos estado estudiando para el examen.
5. Todas las mañanas él salía de casa a las 8.
6. El año pasado hicimos un viaje por Europa.
7. Todos los días ella iba a pie a la oficina.
8. Ayer hizo mucho frío.

EJERCICIO 2

1. Cuando me estaba duchando, sonó el teléfono.
2. Cuando salimos de casa, ya no llovía.

3. Cuando te llamé por teléfono, tú ya te habías ido.
4. Cuando vivíamos en el pueblo, no teníamos problemas.
5. Cuando terminó el concierto, ellos se fueron a casa.
6. Cuando murió su padre, él sólo tenía dos años.
7. Cuando estuve en Madrid, me hizo muy buen tiempo.
8. Cuando llegó la policía, los ladrones ya habían huido.

EJERCICIO 3
1. Al llegar a Roma, empezó a llover.
2. Después de comer, visitamos la ciudad.
3. Después de estar en tu casa, fui al cine.
4. Antes de salir de viaje, reservo el hotel.
5. Después de estudiar inglés, fuimos a Inglaterra.
6. Al terminar la representación, el público aplaudió mucho.
7. Después de ducharme, desayuno.
8. Después de vivir juntos diez años, se casaron.

EJERCICIO 4
1. Ha dejado de nevar.
2. Ellos se bajaron del autobús.
3. Ella sacó los papeles del bolso.
4. ¿Vienes de casa de Pedro?
5. Él se levantó del sofá.
6. El público entró en la sala.
7. María se subió al coche.
8. Antonio colgó el teléfono.

EJERCICIO 5
1. Venía.
2. Vine.
3. Esperaba.
4. Esperaba.
5. Vivía / comía.
6. Fui / llevé.
7. He ido / he llevado.
8. Iba / llevaba.

EJERCICIO 6
1. Es / estoy.
2. Es / estés.
3. Es / seas.
4. Es / estés.
5. Es / seas.
6. Es / seamos.
7. Es / estemos.
8. Es / estéis.

Lección 21

EJERCICIO 1
1. Mañana partiremos de vacaciones.
2. Te prohibiré hablar en clase.
3. Sirio lucirá más que la estrella polar.
4. Nuestros amigos adquirirán un coche nuevo.
5. Ese aparato no servirá para nada.
6. Te pediré un cigarrillo.
7. La profesora vestirá con elegancia.
8. Los niños reirán con los payasos.

EJERCICIO 2
1. Este fin de semana nos quedaremos en casa.
2. Esta noche iré al casino.
3. La conferencia será mañana a las siete.
4. Mañana nos traerán los muebles.
5. El mes próximo te devolveré el dinero.
6. Esta semana estaremos muy ocupados.
7. Pasado mañana repetirán el experimento.
8. La exposición seguirá abierta hasta el sábado próximo.

EJERCICIO 3
1. ¿Cuándo vendrá Pedro?
2. ¿Cuánto valdrá este coche?
3. ¿Quién querrá participar?
4. ¿A qué hora saldrá el tren?
5. ¿Qué haréis mañana?
6. ¿Cuándo habrá rebajas?
7. ¿Quién me dirá la verdad?
8. ¿Cuántas personas cabrán en esta sala?

EJERCICIO 4
1. Irá.
2. Jugará.
3. Leerán.
4. Llamarán.
5. Oiremos.
6. Llegará.
7. Pintaremos.
8. Será.

EJERCICIO 5
1. Este paquete es para Luis.
2. Hay que hacerla para el lunes próximo.
3. Se va a la estación por este camino.
4. María trabaja para su familia.
5. Me marcho al extranjero por un año.
6. Fuimos a París para solucionar unos asuntos.
7. Lo hemos alquilado por 910 euros.
8. La he sabido por Antonio.

EJERCICIO 6
1. El autobús pasa por Barcelona.
2. Mande el paquete por avión.
3. Me estoy preparando para el examen.
4. Mañana salimos para Roma.
5. Él ha viajado por toda Europa.
6. Ellos luchan por la libertad.
7. Hagan una redacción para mañana.
8. Me vendió su bicicleta por 59 euros.

Nivel elemental

Lección 22

EJERCICIO 1
1. En esta sala cabrán 50 personas.
2. Serán ya las 9.
3. José estará aún en la oficina.
4. ¿Qué habrá en este paquete?
5. Esta habitación medirá aproximadamente 20 metros cuadrados.
6. ¿Cuánto valdrá un viaje por el Mediterráneo?
7. Seguramente usted querrá descansar ahora un poco.
8. ¿Habrá huelga de autobuses mañana?

EJERCICIO 2
1. No podré ir a visitarte.
2. ¿Qué pondrá en aquel cartel?
3. Saldré de casa a las ocho.
4. Tendrás que estudiar más.
5. ¿Cuánto valdrá ese automóvil?
6. ¿Cuándo vendrás a visitarme?
7. ¿Cuándo me dirás la verdad?
8. ¿Cuando harás los deberes?

EJERCICIO 3
1. Cabrá.
2. Diréis.
3. Habrá.
4. Haréis.
5. Podré.
6. Pondremos.
7. Querrán.
8. Valdrán.

EJERCICIO 4
1. ¿Quién habrá roto la ventana?
2. ¿Por dónde habrán entrado los ladrones?
3. ¿Qué le habrá dicho Luis a su novia?
4. ¿Quién habrá sido el ladrón?
5. ¿Habrá descubierto la policía al asesino?
6. ¿Dónde habré puesto mis gafas?
7. ¿Por qué no me habrá llamado Pilar?
8. ¿Habrá salido Carlos ya de la oficina?

EJERCICIO 5
1. El coche le habrá costado mucho dinero.
2. Comeré unas cinco veces al día.
3. Ella tendrá aproximadamente 20 años.
4. Seguramente Luis habrá olvidado la cita.
5. Habrá aproximadamente 100 personas en la sala.
6. Posiblemente ellos habrán tenido una avería.
7. El Sr. López habrá llegado esta noche de viaje.
8. Ya será muy tarde para ir al restaurante.

EJERCICIO 6
1. El alumno contestó rápidamente.
2. Trabajamos solamente por las mañanas.
3. Pregunté nuevamente por la dirección.
4. ¡Escucha pacientemente!
5. Usted habla español perfectamente.
6. ¡Llámele urgentemente!
7. En España se cena generalmente a las 10.
8. El detective actuó inteligentemente.

Lección 23

EJERCICIO 1
1. Quizá llegue Pilar a tiempo.
2. Ojalá apruebe mi hijo el examen.
3. Quizá sea interesante el congreso.
4. Ojalá acepte el director nuestro proyecto.
5. Quizá esté aún abierto Correos.
6. Ojalá veamos nuestros deseos cumplidos.
7. Quizá prohíba el gobierno la manifestación.
8. Quizá suban los precios.

EJERCICIO 2
1. Os recomiendo que hagáis un viaje a Galicia.
2. Le prohíbo a usted que venga tan tarde.
3. Dile a Juan que devuelva el libro.
4. Mi madre me manda que ponga la mesa.
5. Le exigimos que diga la verdad.
6. Os deseo que tengáis suerte.
7. Te pido que defiendas mi proyecto.
8. Les ruego a ustedes que no pierdan los nervios.

EJERCICIO 3
1. Es interesante que ellos repitan el experimento.
2. Es conveniente que ustedes cuenten con su apoyo.
3. Es probable que él quiera ayudarnos.
4. Es necesario que ellos adviertan el peligro.
5. Es posible que llueva mañana.
6. Es importante que ella demuestre su inocencia.
7. No es seguro que ellos atiendan nuestro ruego.
8. Es posible que nos volvamos a ver pronto.

EJERCICIO 4
1. Quiero un bolso que vaya con estos zapatos.
2. Ella busca una habitación que esté cerca de la universidad.
3. Esta empresa necesita dos personas que sepan conducir.
4. Buscan una casa que tenga cuatro habitaciones.
5. Recomiéndeme un hotel que no sea muy caro.
6. Él quiere casarse con una mujer que sea cariñosa.
7. Deseo descansar en una playa que no tenga muchos turistas.
8. Busco a alguien que me comprenda.

EJERCICIO 5
1. Es necesario que estudie más.
2. Es necesario que enfríes el vino.
3. Es necesario que pronuncie mejor.

4. Es necesario que nos divorciemos.
5. Es necesario que ampliéis la casa.
6. Es necesario que copien el ejercicio.
7. Es necesario que averigüe la verdad.
8. Es necesario que evacuemos la ciudad.

EJERCICIO 6

1. Es necesario que apriete el tornillo.
2. Es necesario que almuerces temprano.
3. Es necesario que caliente la leche.
4. Es necesario que comprobemos los hechos.
5. Es necesario que empecéis a las seis.
6. Es necesario que muestren el camino.
7. Es necesario que siegue la hierba.
8. Es necesario que renueve el carné.

Nivel elemental

Jose es
mi perro está